以语言为考古工具

郑子宁 著

中国话

重现国人的文化史

九州出版社
JIUZHOUPRESS

图书在版编目（CIP）数据

中国话 / 郑子宁著. -- 北京：九州出版社，2021.01（2022.9重印）

ISBN 978-7-5108-9574-6

Ⅰ.①中… Ⅱ.①郑… Ⅲ.①汉语—通俗读物 Ⅳ.①H1-49

中国版本图书馆CIP数据核字(2020)第179428号

中国话

作　　者	郑子宁　著
责任编辑	周　春
出版发行	九州出版社
地　　址	北京市西城区阜外大街甲35号（100037）
发行电话	（010）68992190/3/5/6
网　　址	www.jiuzhoupress.com
印　　刷	嘉业印刷（天津）有限公司
开　　本	880毫米×1194毫米　32开
印　　张	9.25
字　　数	177千字
版　　次	2021年1月第1版
印　　次	2022年9月第9次印刷
书　　号	ISBN 978-7-5108-9574-6
定　　价	48.00元

★ 版权所有　侵权必究 ★

序一

语言中的历史

史家陈寅恪有一句被广为称引的名言:"凡解释一字即是作一部文化史。"在此之前,主持绘制法国方言地图集的瑞士语言学家吉耶隆(Jules Gilliéron)也说过:"每一个词都有它自己的历史。"或许这是陈先生在德国留学期间有所耳闻,又或许是英雄所见略同,但其间也可见不同侧重:中国在传统上在意的是文字学意义上的"字",西方着眼的却是语言学上的"词";历史学者想由此演绎出文化史,而语言学家留心的则是每一个词自身的词形、内涵的演变。

这样的分异,在跨界交流的时代,也已模糊了。很多概念史的著作乍看是梳理词汇语词含义的演变,其实是着意于挖掘背后隐藏的社会文化变迁。另一种进路则是历史语言学的思路:通过对不同语言的比对,找出文化交流的隐蔽线索,带给我们对历史的全新认识——尤其是对那些无文字社会或文献所缺失难解的历史,语言可以是另一种考古工具,有时甚至是唯一的工具。

高中时我第一次读到周振鹤、游汝杰合著的《方言与中国文化》,顿感大开眼界:我们的语言中竟然隐藏着这么多历史线索！后来读到李锦芳著的《侗台语言与文化》、郑张尚芳著的《胭脂与焉支》，更进一步看到语言学方法对了解历史不仅大有可为，甚至不可或缺。现在，郑子宁的这本《中国话》再次让我涌起同样的感受。

当然，确切地说，语言学并不只是加深历史认识的工具，像《汉语的祖先》所着眼的毕竟是语言学本身的问题：比较论证语言之间同源性或亲缘度；但就本书而言，倒不如说是"以语言学作为方法的文化史研究"，是只有借助语言学才能讲述的故事。

本书对此已有非常精彩的论证，深入浅出又饶有意味，但这并不只是"趣味历史"而已。与格里姆定律（"凡规则皆有例外"）不同的是，在此不时可见的是新语法学派的定律："凡例外皆有规律"。因为语言中异于规律的现象不仅可以提醒我们对结构重新认识，也可以补齐文化交流中"缺失的一环"，有时是被遗忘的历史。

对中国人来说，这样的书实在是太少了。有时我想，印欧历史语言研究那么发达，原因之一恐怕也是因为史料匮乏，所以语言成为重要线索，中国则正因为文献丰富、文字发达，结果反过来阻碍了这一领域"本应有"的发展。

不过，语言中隐藏的文化交流，不只是那些可比的语词里有线索，还可以问：为什么有些语言现象在汉语中缺失或丢失了？汉语缺乏敬语（"您"是输入的）、某些概念也是原本所无（如"魔"字是中古新造）。大体而言，汉语似有几种不同对策：采纳（引入外来词）、驯化（用旧名词称呼新事物），以及忽视。作为一种外来词很少的语言，汉语在交流中不仅有选择，而且既有兼容也有排异，最终才形成这样一个稳定系统。

  在对外交流中，这样的"异变"同样有待解释：造纸术是中国人发明的，但现在西语中的"纸"大多源自埃及的"纸莎草"一词；面条也是由中国外传的，但英语 noodle、法语 nouille 都是很晚近才借自德语 Nudel，语源不明。为什么它们不像"茶""馒头"这样成为被广泛借用的语词，是在哪一环缺失了，这或许更考验我们对文化交流现象的理解，也更难回答。它不必有答案，但我们需要有疑问。

维舟

2020 年 5 月 19 日

序二

人群是语言的载体，语言是人群的标识，人群历史与语言历史间呈现出极其紧密的关系。

人群对语言历史研究产生了极为深远的影响，诸多语言演变模型都是基于人群状况而发展出来的。比如谱系树模型对于逐草而居的印欧游牧民族、逐岛迁移的南岛民族的语言分化，具有非常强的解释力；桥本万太郎根据东亚的人群历史，区分了游牧民型和农耕民型这两种不同的人群分布样态，在此基础上提出的语言演变模型"语言地理类型学"对汉语学界影响巨大；而迪克森（R. M. W. Dixon）通过考察澳洲土著人群的语言状况，在其著名的《语言兴衰论》（*The Rise and Fall of Languages*）一书中，综合谱系分化、语言接触、区域聚变诸因素，提出了影响深远的"聚变–裂变"演化模型；诸如此类，不一而足。

语言对于探究人群历史的作用同样不容忽视。著名华人语言学家王士元在《观察历史的三个窗口》一文中，就把语言学与考古学、遗传学并列，作为考察人群历史的一个重要窗口。2019 年，我国复旦大学金力教授团队（Zhang, M., Yan, S., Pan, W.-Y., Jin, L. Phylogenetic evidence for Sino-Tibetan origin in northern China in the Late Neolithic. *Nature*

567: 112-116.）与法国沙加尔教授团队（Sagart, L., Jacques, G., Lai, Yunfan, Ryderc, R., Thouzeauc, V., Greenhill, S, J., List, J-M. Dated language phylogenies shed light on the ancestry of Sino-Tibetan. *PNAS* 116（21）: 10317-10322.）分别在《自然》和《美国科学院学报》上发文，利用语言材料探究了汉藏语系族群的历史，在依据语言考察人群历史方面取了令人瞩目的成绩。

而呈现在读者面前的这本《中国话》，正是探究中国人这个人群与中国境内语言之间的历史关系的一本佳作。子宁兄虽非科班出生，但对语言学保有极其浓厚的兴趣，他勤勉好学，博闻强识，在语言学科普领域取得了卓著的成果，继《东言西语》之后，又推出这一大作。本书内容广博、材料翔实，伴随着优美的文笔徐徐展开，读来有"山阴道上行，使人应接不暇"之感。相信读者诸君读了本书之后，一定会对中国人与中国话之间的互动关系，有更为深刻的了解和认识！

我与子宁兄相识于网络，因志趣相投，关系日笃，常有惺惺相惜之感。祝愿他百尺竿头更进一步，在语言学领域能佳作迭出！

是为序。

盛益民
2020年6月9日改定于尚景园

目　录

最初的华夏农民
稻农的出现__ 3
从东非到太平洋——种稻者的扩张__ 6
环绕青藏高原的稻谷__ 9
回到华南__ 11
籼米和粳米__ 13
籼米之路——从东南亚到中国__ 16
东亚的外来户——麦__ 22
青藏高原边缘的稷农__ 26
稷为何物？__ 29
喜马拉雅山南麓和太平洋上的稷__ 32

十二生肖与中国数字
中原的天干地支__ 41
印度东北的十二地支__ 44
中国数字的输出__ 48
2 和 7 的神秘联系__ 51
中国话里的其他进制__ 55
"万"之谜__ 58
回到干支__ 66
可汗墓碑上的生肖__ 70
十二生肖抓小偷__ 73
东南亚的生肖__ 75

中国人的伴侣动物
中国最重要的牲畜 __ 85
汉语的"猪"从何而来？__ 90
彘之路 __ 96
"鸡"的南方起源 __ 101
雏鸣湘西 __ 105
东亚共通的"鹅"__ 110

老虎与野马
楚国的老虎 __ 121
新疆虎湖 __ 124
东进之马 __ 128
西方来客 __ 132
数学天才莱布尼茨的语言学研究 __ 135

中国的大熔炉
传承千年的神剑？__ 143
不氧化的金 __ 146
银铜和钱 __ 155
冶炼技术的诞生 __ 158
从冶铁学生到炼铁老师 __ 162

中国人的七大姑和八大姨
自远古传来的"爸妈"__ 176
"爷"是祖父还是父亲？__ 178
"爹"从何方来？__ 187
称呼亲戚背后的逻辑 __ 188
"女郎"为娘 __ 191

永不变的"舅舅"__ 195
论资排辈的重要性__ 199

中国人用过的衔头
中国之外的"伯"__ 206
"后"——最早的尊贵头衔__ 211
"汗"与"可汗"__ 216
贬值的"单于"__ 222

文艺和不文艺的中国地名
熊在苍山跳__ 230
离不开"勐"的壮侗人__ 233
山东的壮语地名__ 237
中国城市在外语中的称呼__ 242
敦煌、敦薨与吐鲁番__ 248
妙香国和郁金地__ 251
中国的江河__ 255

甜蜜茶点
舶来的甜蜜__ 269
饮杯 chay/te__ 271
"茶"之源__ 275
饮茶吃果__ 277

附录
本书标音说明__ 283
推荐书目__ 284

最初的华夏农民

稻农的出现
从东非到太平洋——种稻者的扩张
环绕青藏高原的稻谷
回到华南
籼米和粳米
籼米之路——从东南亚到中国
东亚的外来户——麦
青藏高原边缘的稷农
稷为何物?
喜马拉雅山南麓和太平洋上的稷

每到春夏季节,在中国南方,冬天干燥的田地在数天之内就会被水灌满,紧接着,农民开始把秧苗插进田里。在几个月后,这些绿色的秧苗将会结出沉甸甸的稻穗。经过一系列加工后,最终会变成千万家庭餐桌上的主食——米。

类似的场景已经年复一年地在亚洲大陆的热带和亚热带地区上演了几千年。稻是亚欧大陆东部地区最为重要的粮食作物。在中国,从云南元阳的哈尼梯田,到东北三江平原的黑土地,大量耕地都用来种植稻,从消费量统计,以稻为主食的中国人数量最多。与之相应,稻在中国人的食谱中扮演着核心角色。中国人发明了各种各样的食用稻米的方式,米饭、米线、年糕、饵丝、粿条、酒酿只是其中有代表性的几类。

这一切都始于9000多年前。第四纪冰期结束不久,海平面升高,中国中部长江流域的气候变得更加温暖湿润。当时的长江两岸还是一片充满着湖泊、沼泽、池塘的湿地,大象、犀牛等大型动物在茂密的植被中穿行……

稻农的出现

在湿地生长的诸多植物中,有一种不起眼的草。过去的几百万年间，这种小草在每年气候回暖时都会抽出狭长翠绿的叶片。在几个月后，一根细长的穗长了出来，随后，上面结的一串种子逐渐膨大，长出细长的芒刺。种子成熟后，就从穗上脱落，掉在地上，开始新一轮的循环。随着气候趋向暖湿，这种小小的野草也在年复一年的循环中默默向北扩展自己的领地。

这种在沼泽湿地中生长的野草就是野生稻。如果我们比较野生稻的穗和当代水稻的穗，就会发现，除了长有芒刺外，野生稻的米粒较为细小狭长，颜色偏红，颖壳较厚实。这些特征令野生稻有一定的保护自身的能力，防止动物食用，确保能够繁衍后代。然而，这些防御机制在人类面前可说是不堪一击。

大约9000多年前，长江边的某个先民突发奇想，发现这种细长的果实似乎是可以吃的。无从得知他是如何想到尝试吃下这种硬邦邦的小果子的，也许是连续多日捕猎失败；或者罕见的天灾让树上的果子消失不见，令他饥肠辘辘；亦或许他只是个好奇心很强、喜欢尝试新鲜玩意儿的勇士。总之，他发现了稻是可以吃的，能够填饱肚子，并且将这个信息分享给了他的家人。随后，当他们发现野生稻不够吃时，就决定在沼泽边缘开辟一块土地，专门用来种植这种作物。

这可能是亚洲早期历史中最重要的一刻。栽培稻的出现，让东亚逐步进入了农业社会。同样大小的土地能养活的人口大大增加，也让一些人从日复一日为了填饱肚子的游猎生活中解脱，才有了后来的文明。

现存最早的栽培稻遗迹位于今天浙江浦江县的上山遗址，距今大约 9400 年。在之后的几千年时间里，珠江流域、东南亚、中国北方、朝鲜半岛、南亚次大陆都相继出现了稻作农业。上古时期野生稻的分布相当广泛，但是从现有的遗传学证据看，野生稻驯化过程中几项关键的突变，如导致稻种脱粒性的 *sh4* 基因的突变在亚洲栽培稻中只发生过一次。这些关键的突变让栽培稻的果实自动脱粒的情况变少，方便人类收割，可说对稻作农业的发展至关重要。

因此现今的栽培水稻，不管是东亚、东南亚还是南亚次大陆的，都有着共同的祖先，而它们现在的不同之处，一方面是长期培育的结果，另一方面则是因为又与野生稻进行杂交改良了性状。就如今天在中国，野生水稻仍然生长在中国南方，北及江西东乡，南到海南三亚，西至云南盈江，东达台湾的广大区域。中国农学家仍然在到处寻觅野生水稻，期望能够利用野生水稻的基因继续改良现有稻种。

这次改变了世界历史的驯化可以说是中国先民对世界最大的贡献。在当今世界主要的粮食作物中，唯独稻是土生土长的中国作物。种植水稻是一项很辛苦的工作，整个过程需要进行大量的劳动，使用各式各样的工具。伴随稻种传播的则是一整套农业工具和技术的散播，以及和稻作农业息息相关的一整套话语。

从东非到太平洋——种稻者的扩张

我们暂时把目光从稻的故乡中国移开,投向南方数千公里外的印尼群岛。

和中国南方一样,稻是东南亚最重要的粮食作物,印尼也不例外。赤道附近的炎热气候与太平洋温暖的洋流带来的充沛雨水使得印尼诸岛丛林密布、草木葳蕤,从高空俯视就如散落在蔚蓝大洋中大小不等的祖母绿。这样的气候条件正适合稻子生长,而在爪哇、巴厘等岛屿,众多火山不定时喷发产生的火山灰更是让岛上的土壤极其肥沃,而不似其他热带地区常见的贫瘠淋溶土。极其适宜的自然条件让爪哇岛部分地区可以常年种植水稻。为了能在山地种植水稻而开发的梯田现在则是巴厘岛的重要景观,每年都吸引无数游客。优越环境下生长的水稻让面积仅仅 13 万多平方公里、比河南还小的爪哇岛可以支撑近 1.5 亿人生存。

在印尼语中,"米"称为 beras。更准确地说,beras 指"已经脱壳的米"。由于水稻在印尼人生活中的重要性,印尼语对米的区分相当细致,除了 beras 外,"尚未脱壳的米"称作 padi——这也就是英语中"水田"称作 paddy field 的来源。而"已经烹饪的米饭"则称作 nasi,著名的"印尼炒饭"就叫 nasi goreng。

如果计算一下一粒米的生命周期,收割后到脱壳前的 padi 阶段以及烹调之后被送入口中前的 nasi 阶段,时间都较为短暂，因此我们暂且把 padi 和 nasi 放到一边，先关注通常情况下占据一粒米生命周期最长的 beras。

印尼语作为印尼的官方语言，实际上是一种马来语的变体，马来语发源于今天的加里曼丹岛，后来又先后迁移至印尼群岛最西的苏门答腊岛以及马来半岛。但是纵观整个印尼群岛，诸多岛屿上的主要语言几乎都用类似的词指"米"，如苏门答腊岛楠榜语是 bias，爪哇岛西部的巽他语是 beas、中东部的爪哇语是 wos，巴厘岛的巴厘语是 bahas，龙目岛莎莎克语是 beras，苏拉威西岛武吉斯语是 were?，弗洛勒斯岛芒加来语是 weras，帝汶岛德顿语是 wos。

如果将眼光投向印尼群岛之外，类似的称呼分布远不限

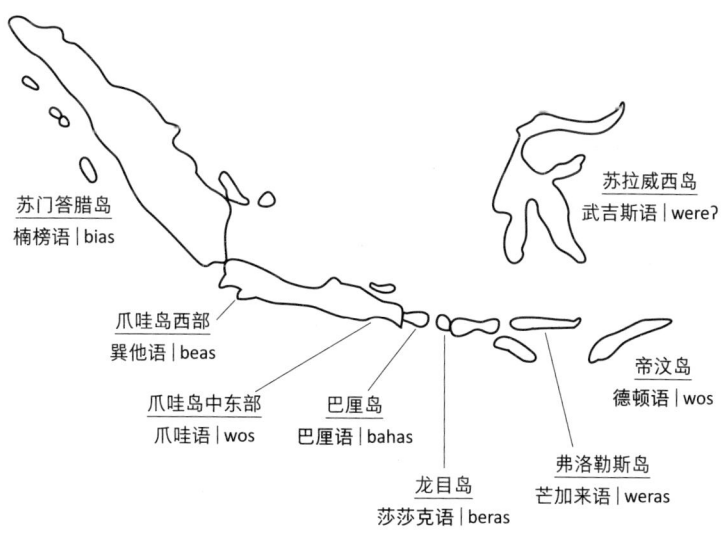

印尼群岛"米"发音分布示意图

于印尼，"米"在菲律宾吕宋岛的他加禄语中是 bigás，宿雾语中是 bugás，关岛查莫落语中是 pugas，台湾岛高山族的阿美语中是 felac，海南岛三亚回族的回辉语中是 phia，甚至东非外海的马达加斯加岛上的马拉加斯语，"米"都称作 vary。

这样看起来很相似的词汇在这些语言中还有不少。"二"在印尼语中是 dua，万里之外的新西兰毛利语中是 rua，马达加斯加岛上的马拉加斯语中是 roa，台湾岛上的阿美语中则是 tosa。"眼睛"在印尼语中是 mata，毛利语中是 mata，马拉加斯语中是 maso，阿美语中是 mata。

如果说一个词相似还有巧合的可能性，这么多相似的词汇则不可能是纯粹巧合的结果。从现代分布来看，这些语言从东非外海一直延伸到大洋洲，跨越了半个地球，散布在从马达加斯加岛到复活节岛的成千上万座岛屿上。虽然这些以海洋为生的人中有不少民族有着极其高超的航海技术，但是海洋的阻隔作用仍然是非常显著的。南太平洋的毛利语和东非马拉加斯语几乎不存在和印尼语、阿美语的使用者有密切接触并且借用大量词汇的可能。这些语言里存在大量相近的词汇只能有一个解释，那就是他们的祖先居住在同一块地区，甚至是同一拨人。

对这些语言的研究显示，从东非马达加斯加横贯印度洋、太平洋的人群所说的语言都有着密切的关系，存在同源关系。由于地理位置的原因，这些语言被称作"南岛语系"。对南岛语系更进一步的研究显示，南岛语系多样性最高、分化最复杂的地区是中国的台湾岛。也就是说，分布几乎跨越半个地球的南岛语系的几千种语言，最可能的发源地是小小的台湾岛。南岛语系的祖先从台湾岛向南迁入菲律宾诸岛，然后再由菲律宾诸岛扩散到印尼群岛，最终在一系列远洋航行后，达到今天的分布范围。

台湾岛是个太平洋上的岛屿，并不具备独立演化出现代人类的条件。数千年前的台湾岛上的居民是从东亚大陆迁入的，也没有证据显示台湾农业的起源是独立的。

台湾海峡虽然宽达百公里以上，远远超过一般情况下正常身高的人在海平面上的视物极限，但是台湾岛上高山林立，中央山脉最高处的玉山山峰接近4000米，是华东和华南地区的最高峰。在福建最靠近台湾岛的平潭岛和南日岛的山上，能见度极好的情况下可以望见台湾岛的中央山脉。

对于上古南方海岸的居民来说，远处时隐时现的这片大山显然在召唤他们渡海探寻新的世界。当然，冒险不但需要勇气，也需要周密的计划，显然，在南岛人的祖先从华南地区登上台湾岛时，稻已经成为南岛人生活中不可或缺的作物。而一个精明的冒险团队，一定不会忘记把这种重要的粮食作物带在身边。

环绕青藏高原的稻谷

现在我们把注意力从太平洋上的岛屿转向青藏高原。

广袤的青藏高原干旱、寒冷，并不适合稻生长，其主要粮食作物是本地培育的特殊大麦品种——青稞。

然而在藏语当中，却有表示"米"的词汇འབྲས（'bras），根据藏文拼写规律，当时的实际读音是 *mbras，这个词也可以用来指"果实"。青藏高原上的藏人和大洋岛屿上的南岛人不大可能有交集，不需要跨越千山万水去借用这个词，所以，这个词的来源实际上非常古老。位于喜马拉雅山南麓，印度东部和缅甸交界处的米佐拉姆邦的米佐语是藏语的远亲，在米佐语当中就有 ra' 一词，用来表示"果实"。

和南岛语系一样，汉语、藏语、米佐语以及缅甸语、彝语等语言属于一个大的语言家族——汉藏语系。如"六"，在藏文中是དྲུག（drug），缅文中拼为ခြောက်（hkrauk），米佐语里是 ru'，云南西部和缅甸的景颇语里是 /kɺu̯ʔ⁵⁵/，[1]乍一眼看上去，这些和普通话的 liu 也并不是很像。但是这只是表象，几千年来的剧烈音变让普通话的语音和上古汉语产生了巨大的差别，如果拿广州话"六"的读音 luk 来对比，就可以明显地看出相近之处了。同样，"三"在藏文中是 gsum，缅文中是သုံး（sum:），云南陇川县的阿昌语中是 /sum³¹/，四川凉山的彝语中是 /sɔ³³/，米佐语中是 thum，这些都已经和普通话的 san 相当接近，如果和广州话的 saam 比起来，密切的亲缘关系就更是显而易见了。

所以，当我们回看 beras 和 'bras，就会发现中间似乎缺

---

[1] ʔ，表示喉咙收紧阻塞，音标右上的数字代表了这个词的声调，数字越高则调子越高，如 55 即代表维持在 5 的音高上，和普通话的"第一声"差不多。

失了重要的一环。

回到华南

无论是野生稻的分布还是水稻驯化的考古和基因证据，都把栽培稻的起源指向中国南方的湿润地带。更精确地说，是在今天长江下游一带。这里是著名的良渚文化的诞生地，曾发现过距今 5000 多年前的大规模稻田遗址，至今都是重要的水稻产地。倘若顺着这条思路继续想下去，如果青藏高原上的"米"和太平洋上的"米"有关，这两片"米"中间的地理区域，即栽培稻的发源地，才会是 beras 和 'bras 的共同源头所在。

这片中间区域，即华南，主要是汉语的分布地。试想一下汉语中和"米"相关的常用词，不管是"稻""米"还是"谷""饭"，和 beras 或 'bras 都没什么关系。不过要是扩展一下范围，一个疑似对象就出现了，这就是"粝"。

"粝"算不得一个多罕见的字，只是在现代汉语中，这个字一般用在"粗粝"这个词上，表示"粗糙"，让很多人已经对它的本义不再熟悉，但是它的形旁"米"却明白无误地暴露了它的本义——糙米。这个字起源非常古老，成书于战国时期的《韩非子·五蠹》中就有"尧之王天下也，茅茨不翦，采椽不斫，粝粢之食，藜藿之羹，冬日麑裘，夏日葛衣"。为了表现当年尧生活简朴，说他吃的是"粝"。金代的字书《篇海》也把"粝"释为"米不精也"。

在普通话里，粝的读音是 lì，似乎和 beras 看不出有太大关系，广州话则读为 lai，也并不相似。然而，之前"六"的例子就说明了汉语的 l 是来自汉藏语祖先的 r。也有其他证据表明汉语的声调来源于原始汉藏语的尾辅音，其中"粝"所属的去声来自 -s。

和藏文、缅文等文字不同，汉字并不是纯粹的表音文字，但是汉字中占据最大比例的形声字的声旁对一个字的发音起到提示作用。翻开中国最早的字典《说文解字》，其中便已说明"粝"以"万"（萬）为声符。虽然今天普通话中"万"读 wan，但是在广州话中却是 maan。不光如此，在借用了大量中古汉语词汇的朝鲜语里面"万"——만，读 man，说明这个字的古代声母是 m。

研究一个字的古代读音是一门专门的科学，以上只是展示部分推论的方法。回到"粝"在上古汉语的读音，两种主要的上古汉语构拟体系中，郑张尚芳体系认为读 *m·rads[2]，白一平–沙加尔体系认为读 *mə-rat-s。诚然，上古汉语的研究还存在很多不确定因素，但是这里有足够的理由相信，"粝"很可能可以充当 beras 和 'bras 当中缺失的一环。

似乎可以推想出这样的场景，数千年前的长江边，中国的某个先祖部落最先开始辛勤地种植水稻，可能是因为脱壳后的米粒比较圆，这个部落的人决定用他们语言中表示"圆

---

2 ＊表示是学者构拟出的发音，非真实语言记录。

圆果实"的一个类似 m[b]ras 的词来命名这种新的食物。在 m[b]ras 的滋养下，这个依靠着稳定的农业，而非收获难料的狩猎、打鱼、采集等方式喂饱自己的部落人口迅速增长，逐渐同化了周围的部落，并向外扩张。其他一些部落在听说了 m[b]ras 的存在后，或偷，或抢，或重金收买，想尽各种办法获得了栽培稻的种子，并相继学会了种植稻子的技术。随后，这些部落的人口也稳定增长，中国南方已经难以满足他们的胃口。有些人带着 m[b]ras 向北迁徙，有些人过海登上了台湾岛，并带着稻米向着太平洋上的诸岛屿进发，最终抵达东非马达加斯加岛；有些人带着 m[b]ras 来到了南亚次大陆，在这里 m[b]ras 和当地的野生稻进行了进一步杂交，培育出了新的更适合当地种植的品种；有些人则在经历了一系列艰难险阻后，最终登上青藏高原。在这里，m[b]ras 已经无法生存，但是先祖们栽种 m[b]ras 的经验让他们迅速驯化了当地的大麦作为主食，保障了在高原严酷条件下的生存。与此同时，他们并没有忘记祖先的食物 m[b]ras，这个他们大多数人从没见过，甚至不知长什么样子的食物已经深深根植在他们的语言当中。一直到今天，藏族人在年景不错时仍然会用 ཁ་ནས་འབྲས། 来形容丰收。里面提到的三种作物，分别为小麦、青稞和稻。

籼米和粳米

对于以稻米为主食的人来说，一般都会在米的口味上有自己的偏好。当今中国市场上常见的米主要分成两类：粳米和籼米。有经验的人很容易分辨这两种稻米。粳米一般较为粗短圆润，籼米则比较纤细修长。做成米饭以后两种稻米口感差别更加明显，粳米黏性要大一些，籼米则黏性比较低。这是因为前者含有更多的支链淀粉，蒸煮后会糊化。

吃米的地区往往会对这两种稻米有一定的偏爱。譬如在江南一带，就是黏性更大的粳米比较受欢迎，而从两湖到两广，籼米似乎更受欢迎一些。中国东北、朝鲜半岛和日本的大米基本上都是粳米，而南亚和东南亚大部则全以籼米当家。

两种米的存在是因为存在籼稻和粳稻两大品种的稻，一个地方更喜欢吃哪种米很大程度上取决于当地种什么稻。以中国稻米目前的分布来看，两者大致以南北分界，北方多种粳稻而南方多种籼稻。然而，如果时光倒退 1400 年，情况就会大不一样了。

如果一个粳米爱好者乘坐时间机器，回到唐朝，至少在主食上大概不会遭遇严重的水土不服。不过如果是吃惯籼米的人，可就得花一段时间适应了。在当时古中国人的餐桌上，是没有籼米这种东西的。更精确一点，当时叫"籼"的米和现在的籼米不是一种东西。

自从 9000 多年前中国人的祖先第一次驯化水稻后，一直到唐朝，在中国土地上种植的水稻都是粳稻。生物学上，粳稻的学名为 *Oryza sativa japonica*，直译为汉语就是"日本栽培稻"，粳稻也叫 *Oryza sativa sinica*，sinica 则是"中国的"之义。"日本栽培稻"明确来源于东亚大陆，所以不管粳稻叫 japonica 还是 sinica，都是土生土长的中国货。

籼稻则不一样，籼稻的生物学学名是 *Oryza sativa indica*，即"印度栽培稻"。这个名字恰如其分。籼稻正是由东亚带来的栽培稻与南亚本土的野生稻在南亚次大陆杂交形成的品种。由于籼稻发源于南亚，古代中国人并不熟悉这种作物。

"籼"这个字比较早的用例出自西汉人扬雄所著的《方言》，当时的写法为"秈"。扬雄是成都人，对大多数中国人而言，他更有名的作品是《蜀都赋》。但是扬雄并不仅仅是成都最早的公关大使，他所著的《方言》是中国最早关注各地方言的专著，给今天的中国人了解 2000 多年前中华大地上的语言提供了不可多得的材料。和多数古书一样，在那个传播保存靠人工抄写的年代，《方言》在 2000 多年的流传过程中也产生了各种版本。今天通行版的《方言》里并没有"秈"字，但是于 11 世纪成书的《集韵》引用了《方言》中的一小段话："江南呼粳为秈"。也就是说，在《集韵》的作者当时所能看到的《方言》版本里，"秈"字是存在的，然而扬雄认为"秈"并非是一种和"粳"相比黏性较差的稻，而是江南地区对"粳"的地方性称呼。至于"粳"字，最早的写法则是"秔"，东汉字典《说文解字》里对这个字的解释为"稻属"。6 世纪的《玉篇》中则对"粳"做了"不黏稻"

的解释。

总而言之，现代汉语中"粳"和"籼"的分别并不能推到很古的时代。在古代，"籼"更像是江南地区对稻的称呼。事实上，现代意义上的籼稻在中国广泛种植是北宋以来才有的事。

籼米之路——从东南亚到中国

唐朝时，在现在的越南中部古都顺化一带有一个被称作"林邑"的古国，立国于东汉年间。林邑后来先后改名为"环王"和"占婆"。

和东南亚所有文明一样，占婆的兴盛依赖于栽培稻。然而由于越南中部地形条件制约，险峻的长山山脉在这里直逼南海海岸，形成了难以逾越的地理屏障，至今越南和老挝的国境线仍大体沿长山山脉延伸。占婆国依海而兴，长山山脉以西以南的广阔平原又先后有实力不可小觑的扶南、真腊等国，占婆的粮食供给只能依靠山海之间的瘦长土地。

与印尼群岛上肥沃的火山土不同，越南中部的土壤相当贫瘠，对水稻种植更不利的是这片土壤以白沙土为主，保水性能不佳。较不利的自然条件让占城人被迫培育更适合当地自然条件的稻种——占城稻。

此时已经在中华大地上生长了数千年的栽培稻都是粳稻，粳稻种植需要肥沃的水田。逐渐扩张的中国人口造成适合种植粳稻的水田日趋紧张，农民被迫开垦地势更高、漫灌困难的田地。到了宋朝，中国气候进入相对干旱寒冷的阶段，更是让水田紧张的问题雪上加霜。

公元 1012 年，宋真宗年间，今天的江苏、浙江、安徽地区发生旱灾。汴京（今河南开封）皇宫里的宋真宗心急如焚。此时，有人向皇帝提议，福建有人种植从占婆引入的占城稻，适合较为干旱贫瘠的土地。宋真宗随即下令从福建取种分送江淮、两浙，从此占城稻在中国的种植得以迅速推广。

宋真宗对推广占城稻种植可说是不遗余力。他甚至在皇宫的后苑亲自种植占城稻，并让文武百官观看。根据《宋史·真宗本纪》记载，宋真宗至少三次召集大臣在玉宸殿外观赏种植、收割占城稻的过程，这是中国历史上极少见的皇帝亲自引种某种农作物的事例。推广占城稻对保证当时的粮食供给十分重要，相比旧有的中国粳稻，占城稻穗长无芒、粒差小，在品质上被认为劣于粳稻。但是占城稻不但抗旱，而且成熟较快，出米多。

占城稻的引入在很大程度上改变了南方的农业。粳稻从播种到收获约需半年时间。长久以来，江南地区一向一年只种植一季水稻。籼稻较短的生长期使得江南地区一年可以稻麦两熟，使田地利用率大大提高。更靠南的华南南部地区，占城稻的出现则使得一年种植三季稻成为可能。

由于相比粳稻有诸多优点，占城稻传入中国后，种植范围得以迅速扩张。到南宋时，江南地区占城稻相对本土粳稻（当时往往称"大禾"）已占据绝对优势。占城稻刚引入中国时，中国人对它的外国血统仍然记忆清楚，当时对占城稻的称呼为"占谷""占米"，但是随着时间推移，占城稻融入中国的程度愈加深入，最终江南流行的对稻谷的称呼"籼"也成为了占城稻的称呼。籼稻在南方的优势一直保持到了今天，尽管经历了多年的籼改粳，但是总体而言南方稻区仍然以籼稻为主。由于南方稻区面积大于北方，因此中国所产的稻子大约三分之二是籼稻。也就是说，虽然中国是栽培稻的发源地，但是目前在中国反而是血统部分来自东南亚的籼米更常见。

巧合的是，源自江南的"籼"字本身也带有鲜明的南方血统。

上古时期的长江以南和今天的江南不但自然环境不同，语言分布也大不一样。今天中国长江以南的平原和低山丘陵地区的居民多数是说各种各样的汉语方言的，这片区域也是今天中国语言多样性非常丰富的地区之一，山脉河流的阻隔让很多直线距离不算远的地方在语言上都难以沟通。在上古时期，这里的语言多样性则更为丰富。

今天的东南诸方言中往往还留有一些古代居民常用的词汇，如广州话"这"说 ni，和壮语 nei、傣语 ni、泰语 ni 乃至印尼语 ini 都有相当明显的相关性。在这些地区的先民转用汉语时，他们会带入一些自己本来说的语言中的词汇。这部分词汇主要出现在常用词和一些当地特色物种的词汇上。由于稻对东亚大陆南部所有居民极大的重要性，和稻有关的常用词在语言转用过程中往往相当稳定。作为汉朝才有证据出现在汉语中的"籼",可能也是这样的语言转用的孑遗。

几乎所有到过曼谷的背包客都听说过鼎鼎大名的"考山路"。这条仅有400米长的小街位于曼谷市中心,在旺季,每天有四五万名游客光顾此地。路两侧几乎被各式各样的廉价旅馆占满,在旅馆的夹缝处,数不清的旅行社打着去往泰国各地的旅游广告招徕生意,希望能博得背包客的注意。当夜幕降临,考山路就会被小摊小贩占据。在夜色掩护下,各种交易会一直进行到第二天天光大亮。

不过今天这条充满着诡异气氛的考山路在半个世纪前远不是这样的光景。当时这里是曼谷主要的米市。自1892年建成以来,主导这条临近运河的小巷的一直是源源不断从谷仓运来的大米。运输大米的船只从湄南河进入运河,最终输入考山路两侧的米店,维持着这座大都会核心地区的粮食供应,直到大约40年前,逐渐兴起的旅游业取代了考山路米市的地位为止。

现今大概只有"考山"这个路名才保留着当年繁华米市的痕迹。"考山"泰语为 ข้าวสาร(khao san),意思是去壳的米。同样来源的词分布非常广泛,如广西靖西市的壮语就把去壳的米叫 /khau³³ θan⁵⁴/。khau 在这一类语言中泛指稻,因此专门指去壳米的就是这个词的第二部分 san/θan/。

壮语、泰语有类似的词汇不足为奇,它们本就有近亲关系，都属于壮侗语系的台语支。今天中南半岛的泰语、老挝语等台语支语言都是唐朝以后台语支居民从中国境内南迁，取代中南半岛原有土著居民语言的产物。由于南迁时间距今较近，且居民往来频繁，至今台语支各语言仍然保留着大量的共同词汇。

今天的壮侗语族和中国史书中的百越有密切的关系，百越中至少有一部分语言是壮侗语族诸语言的先祖。正如广州话中有和壮语、泰语相似的词汇，在赵佗建立南越国以后甚至更早，汉语和壮侗语族的诸语言一直存在密切的接触关系。台语支甚至在数词这种基本词汇中借用了全套的汉语词汇。泰语从三到十分别是 สาม（sam）、สี่（si）、ห้า（ha）、หก（hok）、เจ็ด（chet）、แปด（paet）、เก้า（kao）、สิบ（sip），和汉语的关系显而易见。

然而，在另一部分基本的词汇中，壮侗语系的诸多语言和太平洋上的南岛语言似乎有更多的相似之处。如南岛语言中，"眼"普遍是类似 mata 的读音，今天在泰语中，"眼"为 ตา（ta），中国境内的壮语则有 ra、tha、ha 等诸多读法。泰语、壮语第一人称"我"普遍说 ku/kaw 之类的读音，和印尼语的 aku 也有密切关系，而印尼语的"鸟"manuk 也和泰语的 นก（nok），壮语的 nok、rok 等相关。

作为南岛语系的扩散中心，我们可以在台湾岛上的语言中寻得 san 的疑似踪迹。

台湾中部大肚溪流域中下游地区，今天的台中附近，在福建移民大举渡海迁台前曾经存在一个松散的少数民族部落联盟，在史料中被称为"大肚王国"。大肚王国通行的语言为拍瀑拉语，这种语言后来先后经历荷兰占台和郑成功夺回台湾以及清朝时的反清起义，加之福建移民迁入，已经灭绝。但是拍瀑拉语一度是大肚王国的通用语，部分词汇被记录下来。在拍瀑拉语中，"米"是 sesal。在台湾南部屏东和台东的排湾人所使用的排湾语中，"米"则是 qasał。两个词的末尾音节和泰语的 สาร（san）相当相似。

今天的壮侗语系绝大部分语言和汉语一样，并没有 -l 韵尾，然而我们并非不能找到 -l 在这些语言中存在的蛛丝马迹。

泰国东北的那空拍侬府和隔湄公河相望的老挝甘蒙省属于两国交界的偏远地区。在 20 世纪中叶，语言学家发现在这片区域存在着一种和周围迥然不同的古老语言。之前的几百年时间，从来没有人知道这种语言的存在。说这种略带神秘色彩的语言的人，祖先来自今天的广西北部到贵州一带，大约在明朝时候南迁到越南，并在近两百年内逐渐迁徙到泰国老挝边境地区，沿着湄公河两岸形成了十几座村落。这群人被称作 Saek，中文称他们为"石家人"。"石家人"人口并不多，只有不到两万。在日常生活中为了和外界交往，几乎所有的石家人都会泰语或老挝语。但是在石家人内部，则依旧沿袭着先祖从中国原乡带来的石家话。

和其他所有台语都不同，石家话既有 -l 韵尾也有 -n 韵尾。在今天的广西和贵州乃至其他台语支区域已经找不到这

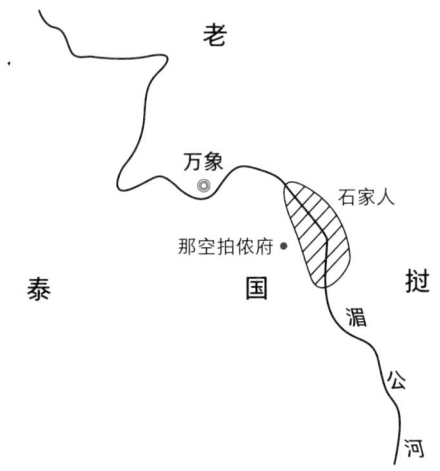

石家人生存区域示意图

项特征。但是台语的远亲,越南西北部山罗省拉哈族人所说的濒危语言拉哈语也有 -l 韵尾。在石家语和拉哈语中,"脱壳的米"都是 sal,和中国台湾岛上的南岛语相对应。

作为一种江南地区对稻的称呼,sal 曾经是越人语言中的一个词汇。当逐渐南下的汉语与百越语言发生接触时,作为常用词的 sal 被保留了下来,并最终在西汉被用汉字记录,演变为今天的"籼"。而宋朝引入占城稻以来,南籼北粳的格局让籼和粳最终从地域性的差别变成了品种上的差别。

东亚的外来户——麦

尽管稻堪称是当今中国最重要的主食,它在上古时代却并不是最重要的谷物。

中国有文字的历史始于商朝的甲骨文。求神问卜在商朝人的精神世界中占有极其重要的地位。当我们商朝的祖先在龟甲牛骨上一刀一刀认真刻下他们对祖先的提问时，他们对稻的兴趣显然不够明显——出土的数以万计的甲骨卜辞中，是否存在"稻"至今仍然是个争议话题。

商人并非对农业缺乏兴趣，整体而言，到了商朝，华夏文明以农业为基础的特征已经奠定。粮食的收成已经和国运息息相关，甲骨文中，商人反复卜问"受年"，即卜问农作物是否能够成熟。逐渐增多的人口已经开始高度依赖年复一年的农业收成，水灾、旱灾、蝗灾都有可能让耕作的努力付诸东流，进而引发可怕的饥荒。祈求神明和先祖提前做出提示无疑是对无规律灾害提前准备的必要之举。

我们所能见到的甲骨文多出土于商朝后期的都城殷，位于今天的河南安阳。今天的安阳主粮几乎只种小麦和玉米。其中玉米是原产自美洲的作物，传入中国是明清以来的事情，商朝人自然不可能见过玉米，但是麦子则对商朝人来说较为重要。

从甲骨文看，商朝人对麦子颇有兴趣，涉及麦的"受年"卜问是商朝占卜中常见的卜辞，假如先祖恩惠，卜问结果是好的，专门从事甲骨占卜的贞人还会在"受年"下再刻下"吉"字。

不光是安阳，今天，广袤的华北平原上最常见的粮食作物几乎都是麦，和南方产稻对比鲜明。主粮作物的不同极大地影响了中国人的饮食习惯，形成了所谓"南米北面"的格局，甚至在中国最古老的有明确作者的诗歌《麦秀歌》中已经出现了麦子的身影。

周朝初年，商朝遗老箕子在朝拜新兴的周朝的道路上缓缓前进，他看到曾经的商国故土，业已倾颓的都城朝歌附近正在吐穗的麦子，以"麦秀渐渐"四个简单的字来形容。箕子对商朝灭亡哀思浓重，然而没有思想感情的麦子并不管王朝兴衰，宫阙起圮。每当春天来临，麦子返青时，和暖的春风带来的升温让整个华北平原无边无际的麦田从南到北缓缓染成绿色，接下来，蛰伏一冬的小麦会迅速完成开花、抽穗、灌浆的过程，并在夏天来临之际再次从南到北由绿变黄。不多久，麦穗就会逐渐成熟。在多数情况下，收割后的麦会经过碾磨成为面粉，并被加工成各种食物。

不过当箕子走到朝歌附近时，几乎可以肯定麦田只占了农田的一小部分。麦子在华北地区发展壮大是后来的事，它并非中国本土产物，起源于西亚的新月沃土，即今天伊拉克、叙利亚、黎巴嫩一带。现今常见的小麦由三种植物杂交形成。首先由一粒小麦和拟斯卑尔托山羊草杂交形成二粒小麦，随后二粒小麦又和野生粗山羊草杂交形成现今的小麦。中国本土并没有驯化小麦所需要的野生物种。当麦子传入中国后，虽然荣登五谷之列，但是由于麦子的抗旱性不如华北本土作物，加上上古时期吃麦子只是把麦粒蒸熟食用，并不磨粉，口感不佳，因而小麦并未能在华北地区迅速流行。商朝多处考古遗址，出土的粮食中小麦占比不到五分之一。汉朝则有麦乃"天所来也""始自天降"的说法，甚至"麦"这个字本身就暗示了小麦的外来身份。汉字"来"是借用了"麦"的字形。这样的借用则是由于在上古时期"来"和"麦"的读音非常接近，而当文字发明时，抽象的"来"就用近音的具象物种"麦"来书写。

"来"甲骨文字形　　"麦"甲骨文字形

整个上古时期，麦在华夏大地仍然处于缓慢扩张的过程，它的爆发式扩张还得等待农业技术提高和食品加工方法的改变。对于上古的中国人来说，最重要的作物当属"黍"和"稷"。

在今天的中国，如果在街上随便找一个路人，问他知不知道"黍"和"稷"，路人会有很大概率困惑不解。作为上古时期华夏文明最重要的两种作物，"黍"和"稷"在当今中国大部分地区的认知度并不算高。当然，如果改问知不知道"糜子""黄米"，或者"小米""谷子"，听说过的人大概就能多些了。

显然,在今天的中国话里面,这两种作物一般只能享受到"某米"的待遇,而且在形形色色的"米"中,它们也难以争得"大米"的地位,这项殊荣已经牢牢被"稻"把持。

作为谷物总称,"米"字早在甲骨文中就已经出现。当时的写法是一条横线,上下各三个点,形似一根横着放的穗。这也是汉语中一个继承自古老的汉藏语祖先的词。

青藏高原边缘的稷农

成都在过去 2000 多年来都是中国西南地区最大、最繁华的城市,然而直到近代,许多内地的中国人对于成都再往西北的区域往往处于茫然无知的状态。成都西北面连绵的群山起到了强大的阻隔作用,这些极高的山丘离成都并不遥远,在晴朗的天气下,蜀山的雪峰在成都依稀可见。

但是对于上古先民来说,群山的阻隔并不彻底,在高耸的山峰之间,总是有千万年来冰川河流切割而成的谷地和相对较低的垭口可供通行,伴随山地间穿梭的人群的则是语言。今天的汉藏语系覆盖了喜马拉雅山南北两麓的广大区域。显然,青藏高原并没有成为语言扩张的拦水坝,相反,青藏高原和周边的山地到处都有形形色色的属于汉藏语系的语言。

在成都西北的阿坝州马尔康市,生活着一支独特的人群,他们一般被称作"嘉绒人"。嘉绒是藏语 རྒྱལ་རོང་ 的音译,是 རྒྱལ་མོ་ཚ་བ་རོང་ 的缩写,来自藏族对这片区域的称呼。在生活习惯和宗教信仰方面，嘉绒人接近藏族，因此今天他们是藏族的一部分，但是嘉绒语在语言上和藏语只是远亲，它的近亲是羌语和已经灭绝的西夏王国的党项语。

嘉绒语只是这片区域的一类语言，除了嘉绒语之外，这里还有木雅、尔苏、普米、纳木依、贵琼、白马、绰斯甲等许多人闻所未闻的语言。和东边大片的汉语、西北面大片的藏语以及南面大片的彝语不同，这片高山和谷地相间的破碎区域拥有可能是全东亚最高的语言多样性。当说着汉藏语的先民抵达川西大山的河谷地带后，稳定而少受外界干扰的生活以及困难的交通让这些小语言免于遭受被周边大语言同化的命运。

在马尔康市东部的嘉绒语中，"小米"叫作 smai-khrī。在这些嘉绒语中 khrī 指"稻米"，这个词和藏语的 ཁྲེ (khre) 相关，而 smai 则和汉语的"米"有关。

嘉绒人所居区域虽然地理环境闭塞，但是地理直线距离与说汉语的区域并不远，不能完全排除汉语影响的可能，另一些汉藏语的证据则更加可靠。

由于汉藏语系人口最多的几个大语种——汉语、藏语、缅语、彝语都在东亚和东南亚地区，而在喜马拉雅山那一头的南亚次大陆上，上古时期穿过或绕过青藏高原抵达喜马拉雅山南麓的众多汉藏语长期被忽视。直到 20 世纪中期以后，这些喜马拉雅山南麓散落的遗珠才逐渐吸引研究者的眼光。而在这些自从分离后和汉语再未有过接触的语言里，也存在

"米"的同源词。在印度东北阿萨姆邦北缘紧贴喜马拉雅山的区域，有百万以上人口说一种叫"博多语"的汉藏语，在这种语言里面，"稻米"的词根是 may。分布比博多语更靠南的另一种汉藏语——加罗语中，"米"则是 mi/me。与这两种语言并不相邻的另一种汉藏语，分布在缅甸东南部山地，这种以部分女性脖子上戴着沉重的铜环而被称作"长颈族"的克伦族说的克伦语中，"米"则是 me。

这些当今分布七零八落的语言中共同存在"米"字，说明早在 6000 多年前的原始汉藏语时代，"米"就已经出现在当时的语言里了，也因此，当说原始汉藏语的人迁移到东亚、东南亚乃至喜马拉雅山南麓这么遥远的地方时，才能把这个词汇带到四面八方。

相对"米"的普遍，"黍"和"稷"远没有如此大的传播力。

对于上古的中国人来说，"黍"的一大功能是酿酒。酒在商朝人的精神世界中占有重要的地位，因此在出土的甲骨文涉及的谷物中，"黍"的占比相当高。

成熟后的黍，穗会朝不同方向散开，在商朝占卜者的刻刀下，一般会把黍刻成有三根不同朝向的穗的小草。实际上，作为适应华北环境的本土植物，黍的皮实程度和野草不相上下，它的生长期非常短，而且相对其他谷物来说极其耐旱，以至于蒙古草原上的牧民往往也会种点黍当作干粮。

然而相比而言，古代中国人心目中地位最高的谷物仍然是"稷"。

今天"稷"已经退出了中国人的口语。如果今天有人再说出"稷"这个字，几乎可以肯定这个字会出现在"社稷"一词中。"社稷"的存在，无疑说明了"稷"的重要地位。周朝人甚至追溯后稷为周人的先祖，根据古老的传说，后稷是尧舜时的人物，出生在今天山西西南端的稷山县。

吊诡的是，作为中国人祖先最为神圣的五谷之首——稷，针对它到底是一种什么样的作物却存在争议。早在唐宋时期，稷是什么作物就已有争议。除了华北既种糜子又种小米的农民，当今大部分中国人对黍和稷已经不太能分得清。但是从植物学上，这两种植物并非近亲，黍是禾本科黍属的植物，而稷则是禾本科狗尾草属的植物，祖先是中华大地上几乎随处可见的狗尾草。

稷为何物？

很奇特的是，人口众多、文献历史悠久的汉语近亲——藏语和缅甸语中，都找不到和"稷"相关的词汇。对于高海拔地区居住的藏族人和水量丰沛的热带平原上的缅族人来说，"稷"已经退出生活太久，久到这个词汇已被遗忘。假如稷没有进入"社稷""后稷""稷山"这样的词语的话，它在汉语中也可能遭遇相同的命运。

但是在一些容易被忽视的小型汉藏语言中，"稷"仍然是口语中所使用的词汇。

独龙族是中国人口最少的少数民族之一，他们主要生活在极其偏远的云南省怒江州贡山独龙族怒族自治县西部的独龙江峡谷内。

独龙江是缅甸大河伊洛瓦底江的源头，在滇西地区，独龙江河谷与怒江河谷最近处不过十余公里。然而高耸的高黎贡山天堑牢牢隔开了两道河谷，近几可以听到另一条峡谷里奔腾的大江水声的两条河谷却几乎老死不相往来。独龙族居住的地区途经高黎贡山主峰，正是高黎贡山最高最险的一段，海拔高达 5128 米的嘎娃嘎普峰就处于独龙族分布区附近。这样的地形使得独龙江峡谷对外交通极为不便。第一条通向峡谷内的道路 1999 年才修筑完成，而直到 2014 年，这条通道才常年通车。

长期以来，外界对独龙人知之甚少，更别说他们的语言了，对独龙语的记录要到 20 世纪才正式开始。

独龙江所在区域是著名的"三江并流"地区，加上独龙江其实可称为"四江并流"。破碎的地形、复杂的人群迁徙使得这一片的民族语言分布极其芜杂。但是大体而言，这片地区的居民都是说汉藏语的，祖先是从几条大江的河源地区南下的古代氐羌部落。当汉族的先祖向东进入华北平原，藏族的先祖向西迁入青藏高原时，这些古老的部族则沿着诸大江的峡谷南下，进入今天的滇西北地区。

或许并不意外，独龙语和周围的藏语、傈僳语、景颇语、怒语一样，都属于汉藏语。在独龙语中，一是 /tiʔ^{55}/，

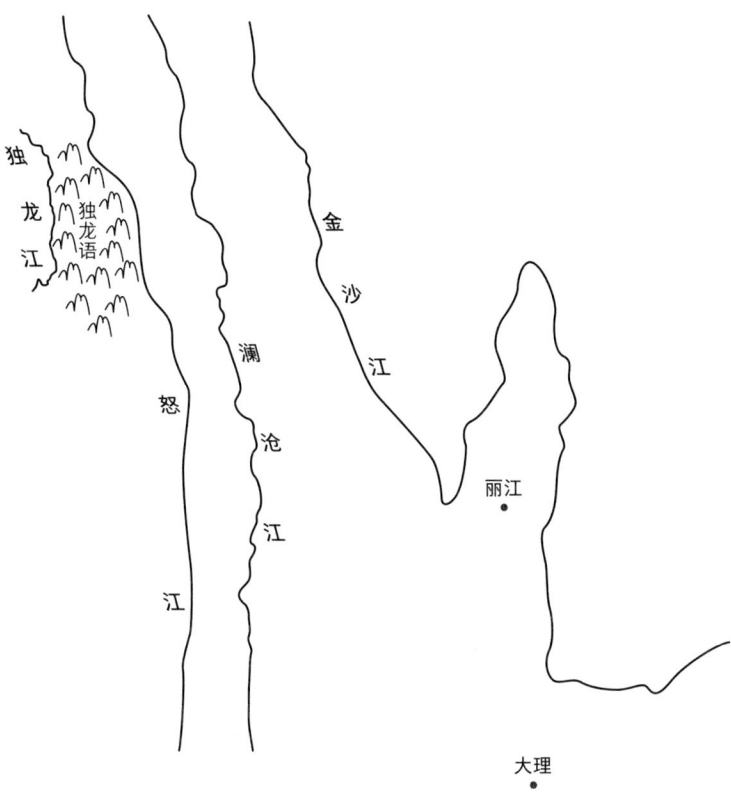

独龙语分布区地理位置示意图

二是 /ə³¹ ni⁵⁵/，三是 /ə³¹ sɯm⁵³/。和周围的其他语言相比，独龙语的面貌更为古老。

根据独龙族流传的起源传说，在远古时代，独龙族本来居住在怒江峡谷，后来因为出猎偶然进入了独龙江河谷，看到这里有宽阔的猎场和平坦的台地，便陆续迁居。从迁徙路线看，独龙族来自东面的怒江河谷是最自然的方向。在不可考的古代,一支汉藏人设法穿越了险峻的高黎贡山,发现了独龙江峡谷这片人迹罕至的世外桃源,就此定居。封闭的环境使得他们的风俗习惯和语言的变化比外界慢得多。这些峡谷居民仍然在晚餐时食用小米,独龙语中对"小米"的称呼是 /tɕaʔ⁵⁵/,正和汉语的"稷"相当。

喜马拉雅山南麓和太平洋上的稷

独龙语并不是除汉语外唯一还用"稷"的语言。从独龙族的聚居区出发,一路向西,经过缅甸最北部,就进入了喜马拉雅山南麓地区。在穿过西藏墨脱县后,就是雪域山国不丹。

不丹最重要的语言——宗喀语和藏语十分接近,甚至可被当作藏语的方言。但是在不丹西南部,有一支与世隔绝的部落,不丹人称他们为 Lhop,即"南方人"的意思,这些人说的语言则被称为"罗各布语"(Lhokpu)。

喜马拉雅山南麓是很多小型的汉藏语言的家乡。当汉藏语的主流在东亚大陆发展时,也有小部分说汉藏语的人群翻过或者绕过了巍峨的喜马拉雅山,在温暖湿润的喜马拉雅山南麓山地安家。

如果以人口论,绝大部分的汉藏语人口都居住在喜马拉雅山脉以东和以北。汉藏语系使用人口最多的几大语言——10亿以上使用人口的汉语、6000万使用人口的缅甸语、800万使用人口的彝语、600万使用人口的藏语都主要分布在喜马拉雅山东北侧。但是如果以语言种类和多样性来计，汉藏语的分布重心却落在了喜马拉雅山西南侧。喜马拉雅山南麓破碎的地形和古代长期缺乏强有力政权统合的特征使得这片区域的语言多样性极高。汉藏语过半支系都分布在喜马拉雅山南麓，这些语言使用人口多的也不过百万左右，使用人口少的不到1万，已经处于濒危状态。

罗各布语正是这些小语言中的一种，全世界说罗各布语的人只有2500人。这些人几乎全都居住在不丹最西南的一角。罗各布语当中，"小米"被称作tsak。

罗各布语和独龙语分布区中间有崇山峻岭阻隔，使用的两支部落都长期与外界甚少接触，这两种语言都用汉语"稷"的同源词称呼小米，可信度最高的解释是：在汉藏语人群分别进入独龙江河谷、喜马拉雅山南麓和华北平原时，他们就已经对"稷"相当熟悉了。

今天，小米是一种有着浓厚北方感的作物。山西、陕西的一些地方仍然以小米为主食：这是一个古老的传统，黄土高原是先民第一次将狗尾巴草驯化为小米的地方。华南大部分地区的居民日常生活中甚少接触小米。稷的另外一个名称是"粟"，但是在今天的粤语中，粟米却已经转指明朝以后引入中国的美洲作物——玉米。

然而在数千年前，远古时期的东亚大陆，稷的重要程度要远远高于今天。当来自东亚大陆南部的水稻逐渐北上时，发源于北方的稷也在南下。

中国台湾台南市东北的南关里是全台湾最重要的考古遗址之一。距今 5000～4200 年前，中原大地处于三皇五帝的传说时期，台湾岛的先民在南关里前后居住了 800 年。就在南关里遗址中，发现了大量的稷、黍和稻。这里的先民从大陆带去了这三种作物的种子，并在台湾岛上开垦土地，成为台湾最早的一批农民。从此，稷在远离原乡的台湾岛生根发芽，并继续随着南岛人向大洋探索，撒播到更广阔的大地上。

在南岛人从台湾扩散到太平洋的进程中，在大洋上气候暖湿的诸岛上，稷的重要性降低，并在众多岛屿上逐渐被稻取代，今天大多数太平洋岛屿上的居民并不以稷为主食。但是在一些岛民的语言中，仍然保留了和台湾岛上的南岛语类似的词汇，如居住在今天印尼东北部苏拉威西岛西南，以勇悍闻名的武吉斯人称呼"小米"为 wetteng，和台湾南部屏东山地的鲁凯人的语言中的 becenge 仍然相当接近。

但是在南岛人的原乡台湾岛，稷的地位却大不相同。和华南其他地区一样，今天的台湾岛是个以水稻为主食的区域。然而台湾岛上的高山族部落却对小米有独特的尊崇。台湾岛上最大的高山族部落之一，主要居住于台湾东海岸的阿美人每年在收割小米时都要举行隆重的丰年祭，这是阿美人一年中最盛大的节日。

在阿美人的思想中，小米精灵敏感、易怒，通人性，有灵眼、灵耳、灵觉。因此种植小米需要时时注意不得触怒小米精灵，尤其在收割季节，说话更要小心，不能说"休息""完毕""回家""水""洗澡"等会让小米精灵不喜欢的言语，更不能放屁、打人，否则会触怒小米精灵，招致灾祸。吃鱼更是万万不行的，同时还得清洗所有装鱼器皿，以避免和小米精灵相克。而在播种前夕，也得举行准备祭，把家里的鱼吃完，清洗装鱼器皿，防止和小米精灵相克，造成小米生长不良。准备祭之后还得进行播种祭，通知小米精灵，祈求小米丰收。

除了阿美人以外，其他的高山族部落也都对小米极尽尊崇，发展出了复杂的关于种植小米的禁忌和祭祀活动。反观作为当今台湾最重要粮食作物的水稻，高山族各部落对于它的态度却普遍相当随便。种植水稻并不需要举行诸多繁杂的祭祀，甚至有些群体在举行农业祭祀时禁食水稻制品。

事实上，水稻的管理并不比小米容易，对于任何稻农来说，种植水稻都是一项极其辛苦的工作，虫灾、旱灾、水灾都有可能让之前的辛劳付诸东流。相对来说，在台湾高山族居住的山地区域，生长期短、耐旱的特性让小米理应是更容易管理、受天灾影响较小的作物。高山族对小米的谨慎态度是因为，19 世纪之前，台湾岛的高山族大部分以小米为主粮。作为最重要的作物，小米有着特殊的地位。相对来说，虽然高山族很早也小规模种植山地稻，但其占主食的比例不算高，因此也就用不着那么小心翼翼。

然而这可能不是小米受到极度尊崇的唯一原因。

台湾岛上的南岛先祖来自中国大陆并不存在太多争议，但是他们到底来自中国大陆何方则是个大问题。

16世纪以来，跨越台湾海峡，移居台湾的汉族居民大部分祖籍在海峡西岸的福建，也有相当一部分来自粤东的潮汕和梅州、惠州等地区。今天台湾岛的汉族居民以闽南人和客家人为主，无论是语言、文化、风俗都和大陆原乡相当接近。甚至能从台湾各地居民所说的语言上追溯当地居民的原乡，如台湾东北的宜兰，当地方言和福建漳州极为接近，居民也多数祖籍漳州，而位于西海岸中部的鹿港则以一口"泉州腔"闻名。新竹的客家人则说着和广东海丰县、陆丰市的客家人类似的"海陆腔客家话"。

正如近几百年迁入台湾的汉族居民会保留一些原乡的习惯，几千年前从大陆登岛的居民也会受到大陆原乡的强大文化影响。台湾高山族对稷的崇拜预示着他们的大陆祖先也是种植并崇拜稷的人群。

由于航海技术限制，最早的台湾人几乎可以肯定是从地理距离最近，也能在天晴时看到台湾岛的福建沿海渡过海峡的。长期以来，上古时代的福建也被认为是稻作农业区，然而近年以来，在福建闽侯白头山、霞浦屏风山、黄瓜山等地，都先后发现了稷的颗粒，这说明早期的福建农民开始种植稷的年代比台湾南关里更早一些。

然而此时位于长江、钱塘江下游的良渚文明是个较为纯粹的稻作文明，长江、钱塘江下游的大平原地势低平，水网密布，非常适合水稻种植。适宜的地理和气候条件下，在长江和钱塘江下游的平原上种稻的产量远远超过种植其他粮食，北方南下的稷和黍在这里毫无优势，因此难以寻觅。

不过，来自北方的稷还有另外一条入闽登台之路。

长江下游大片的平坦土地在华南地区其实并不多见。无论是福建本身还是相邻的江西，都有大量山地。山地难以存水，稻的优势大大减弱，相反较为耐旱的稷则反倒更加实用。在江西中部新干县牛城的古代遗址中就有种植稷的遗迹。这里离福建并不遥远，携带着稷的农民可以循着武夷山中的山谷东行，进入福建。在一路行经的山地中，久已定居的先民一定会对这种北方来的作物抱以浓厚兴趣，它必将为山地农民提供更多的生活保障，并最终促使先民渡海登台时携带这种圣谷。

然而时至今日，我们仍然对华北的稷到底是如何南传进入江西、福建一事不清楚。数千年的光阴已经导致许多先民留下的痕迹逐渐湮灭。在从北方进入江西之前，稷究竟是经由湖北还是安徽传播开来尚无定论。甚至也有人认为，或许古代山东沿海的先民，在吸收了南方北上的稻作技术以后，沿着海岸线，绕过了长江下游的大片平原，移居福建并在台湾登陆。这并非天方夜谭，山东沿海的上古居民和台湾少数民族都有凿齿习俗，即在青春期拔掉上颌的两颗侧门齿。

虽然迁徙路线尚未完全确定，但可以肯定的是，当南岛人的祖先在台湾休养生息，生齿日繁，最终扬起风帆，向着未知的蔚蓝大洋驶去时，他们的小舟上一定装载了稷和稻。这是他们的祖先从西边的大陆带来的神圣谷物，他们也将会把源自远方大陆的稷和稻播撒到更远的地方。

这笔丰厚的馈赠，分别来自中华大地的北方和南方。当稷和稻一齐乘舟进发的时候，在它们发源的东亚大陆，种稻的南方农民和种稷的北方农民也开始逐渐融合。在之后的数千年时间里，稻农和稷农的后代会逐渐形成统一的国家，发展出丰富的文化，成为东亚文明的代表，他们会称自己为中国人。而在这漫长的数千年时间里，稷和稻会一直伴随他们，直到现今。

十二生肖与中国数字

中原的天干地支
印度东北的十二地支
中国数字的输出
2和7的神秘联系
中国话里的其他进制
"万"之谜
回到干支
可汗墓碑上的生肖
十二生肖抓小偷
东南亚的生肖

几乎所有中国人都能流利地背出"鼠牛虎兔龙蛇马羊猴鸡狗猪"。十二生肖在中国人的纪年系统中占有极其重要的位置,绝大多数中国人都对自己属什么烂熟于心,甚至不少人在事业、婚姻、生死等人生大事时都会参考属相。

在所有的历算中,这十二种动物各自有另外一个含义不明的汉字相配,如"子鼠""丑牛""寅虎""卯兔"。相比家喻户晓的十二生肖,这些被称作"十二地支"的汉字的知名度要低得多。如果今天有人让一个一般的中国人报出十二地支,恐怕绝大多数人都难以流利报出"子丑寅卯辰巳午未申酉戌亥"。

这样每十二为一循环的序列并不仅仅是十二生肖和十二地支。中国占卜日期吉凶使用"建除十二神","建、除、满、平、定、执、破、危、成、收、开、闭"十二位神祇分日轮流守护世间平安。西方则有著名的十二星座。

中原的天干地支

这些历算当中,还是以十二地支最为古老。

十二地支古老到已经难以追溯起源,至迟从中国文字诞生时起，中国人就已开始采用十二地支纪日。在中国最古老的文字——甲骨文中，卜问上天的贞人已经会在龟甲兽骨上认真地刻下地支，这对占卜异常重要。卜问日期或结果，未来会发生什么，都对准确记录时间有需求。

在纪日时，十二地支一般和另外十个汉字配合使用：甲、乙、丙、丁、戊、己、庚、辛、壬、癸。这十个汉字被称作"天干"。

在《甲骨文合集》收录的 40000 多片甲骨文中，37986 号尤为有意思。和一般的甲骨文上求神问卜的内容不同，这片商代晚期的甲骨既没有向上天和先祖发出问询，也没有经过烧灼。在这片甲骨上，整整齐齐刻有从甲子到癸亥的 60 个干支循环。

37986 号甲骨的真实功用不明，有说可能是巫师练习所用，也有说是起到近似日历的时间提醒作用。而在卜问的甲骨中，则用这套系统来记录卜辞的时间，如"丙午卜，翌丁旸日？"，就是在丙午日发出的问卜。

相对古代，天干地支在现代中国人的日常生活中的使用率已经大大降低。但是时至今日，诸如甲方乙方、丁单元、辛亥革命等常见词让已经诞生至少 3000 多年的天干地支仍然具有强大的生命力。

作为古代华夏人使用的一种有着极其悠久历史的计数方法，干支系统也早早从中原的汉语传出，被说其他语言的人群使用。

在云南靠近广西和越南边境的广南县和富宁县有一支叫"布央人"的人群。按照民族划分，布央人属于壮族，但是布央人的语言却和周围的壮族大不相同。他们说的语言和壮语、傣语有一定的亲缘关系，如"鸟""蛇"在布央语中是 /ma nuk^{11}/、/ŋa^{312}/，和傣语的 นก（nok）、งู（ngu）很相似。但和壮语、傣语相比，布央语又和在数千年前移居太平洋的南岛语有更多的相似之处，如在布央语中，"眼"是 /mata^{54}/，和印尼语的"眼"——mata 近乎完全一致，大多数壮侗语的"眼"则是一个单音节的词。

在上一章中，我们已经发现壮侗语言和南岛语言有着密切的关系，但是在大多数壮侗语中，数词已经基本被汉语替换。可是布央语和海南岛黎族所说的黎语却是例外。由于这些语言偏居大山之中，受到汉语的影响较小，所以即使是数词也都仍然和南岛语言有密切联系。如在布央人的语言里，"三"到"六"分别是 /tu^{54}/、/pa^{54}/、/ma^{312}/、/nam^{54}/，海南岛五指山区的黎语则是 /tshu^{55}/、/tsho:^{55}/、/pa:^{11}/、/tom^{11}/，如果和印尼语 telu（古词，今多用来自梵语的 tiga）、empat、lima、enam 对比，可以看出明显的相像之处。

然而就是这样一种在大山深处，20世纪才被发现的语言，却完整地借用了十二地支。

在布央语中，每一年都有专门的名称，分别是 /tsɯə^{24}/、/pjau^{24}/、/ŋi^{11}/、/mou^{24}/、/ɕi^{11}/、/ɕaw^{24}/、/ha^{24}/、/mut^{11}/、/ɕɛn^{11}/、/ðou^{11}/、/phit^{54}/、/kɯə^{11}/。十二个年份名

称和十二地支"子丑寅卯辰巳午未申酉戌亥"存在明显的对应关系。

这十二地支在上古时代就已经进入了布央语。中古到现代，汉语中的"寅""辰""申"都是带鼻音 -n 的。可在布央语中，却出现了一个怪异的现象："寅"和"辰"没有鼻音，"申"却有。

不用怀疑布央人的听力，布央语中大量词汇以 -n 结尾。如果在上古时代，布央人的祖先听说了十二地支纪年的方法，并决定借为己用时，他们听到的十二地支名称中的"寅""辰"带着鼻音，那他们一定会把这个鼻音一起借过来，就跟"申"一样。

但在布央人借来"寅"和"辰"的时候，这两个汉字并不以鼻音结尾。更耐人寻味的是，布央语并非孤例，在其他借用地支的语言中，我们也可以发现类似的现象，例如印度东北的阿洪姆傣语。

印度东北的十二地支

今天印度的阿萨姆邦在 13 到 19 世纪由阿洪姆王国统治，阿洪姆王国位于南亚次大陆最东北的地区。中国西藏的雅鲁藏布江穿越喜马拉雅山脉流入印度后，被称作"布拉马普特拉河"，这条大河中游狭长的河谷就是阿洪姆王国的领地。

虽然阿洪姆王国远在南亚次大陆，但是它的开国之君却来自云南瑞丽。13 世纪时，以云南瑞丽为中心的勐卯崛起。

这是一个傣族地方政权，在中国的史书中被称作"麓川"。

1189年，在勐卯都城瑞丽，一个叫"苏卡法"的小王子出生了，他是老王的外孙。因为老王的儿子还没有男性后代，所以外孙被视为勐卯未来的继承人，极受老王宠爱，由老王亲自抚养。王子的舅舅继位后，作为继承人的外甥依旧荣宠非凡。

然而天有不测风云，新王中年得子，苏卡法继承勐卯王位的美梦落空。由于之前长期被视作王国的继承者，所以各种势力仍然企图利用苏卡法获利。少时极疼爱王子的舅舅对苏卡法愈加阴冷，苏卡法明显感觉到，假如他继续留在瑞丽，最终一定会被卷入宫廷阴谋，遭遇大祸。

于是，1215年，他带着妻子、儿女、部属、家眷以及勐卯国的一部分国民离开了自己的故乡瑞丽，向西寻找新天地。只是，他们都没有料到会走那么远。

苏卡法的流浪之路极为艰辛，缅甸北部的山区就是在今天也很难穿越，以当时的技术条件更是堪称天堑。苏卡法的具体路线已经不可考，然而在1228年，离开瑞丽13年后，苏卡法带领的远征队出现在了缅甸和印度交界的帕凯山山口，在他们面前，则是布拉马普特拉河谷广阔而湿润的平地。苏卡法立刻意识到，他已经找到了新家园。

在随后的几十年时间里，这支傣族人击败了河谷原先的居民，他们从瑞丽带来的稻种在这里长势良好。当苏卡法于1268年去世时，从瑞丽来的傣族人已经牢牢控制住了布拉马普特拉河谷，建立了阿洪姆王国。

勐卯人的原乡瑞丽气候炎热，没有人知道苏卡法如何带领他的家眷和部属，穿越缅甸北部的寒冷山区；习惯了在肥沃平地上种植水稻的傣族人在大迁徙中是怎么获取食物、取得必要物资；一路上又是如何跟未必抱有善意的当地居民打交道；人数极少的傣族人又是如何在布拉马普特拉河谷立稳脚跟。但是后来的事实证明，来自瑞丽的傣族人不但克服了重重困难建立了阿洪姆王国，而且阿洪姆王国比故国勐卯王国存在的时间要长得多。

仍在瑞丽的勐卯王国于 1448 年在"以一隅骚动天下"的麓川之役后被明朝攻灭。在麓川之役中，明朝付出了巨大的代价取得险胜。由于北方大量兵力被调到西南参与麓川之役，导致北境防卫空虚，翌年发生震惊天下的土木堡之变，明英宗被俘。阿洪姆王国的独立地位却一直维系到 19 世纪，在漫长的 600 年岁月中，这支来自瑞丽的傣族人在经过大迁徙的洗礼后更是强悍非常。当南亚次大陆近乎被莫卧儿帝国统一时，他们成功地击退了莫卧儿帝国的数次进攻，甚至主动攻击莫卧儿帝国，成为帝国的心头大患，直到 1826 年才被英属印度吞并。

19 世纪，当时阿洪姆傣语已经几乎退出阿洪姆人的日常生活，但在宗教仪式上诵念先祖一代代传下来的经咒时，阿洪姆人仍然使用先祖的傣语。阿洪姆人从端丽迁出时，已经采取了十二地支纪年，十二地支也因此在阿洪姆人的宗教语言中保留。阿洪姆人的十二个年份的名称分别是 teo、plāo、ngi、māo、chi、ceu、chi-ngā、mut、cān、rāo、mit、keu。和布央语的地支一样，阿洪姆傣语里地支的"寅"和"辰"也没有鼻音。

事实上，汉语本身也可以提供现在的某些鼻音尾在古代可能是其他韵尾的证据，如"辉"的声旁是"军"，但是"军"以鼻音收尾，"辉"却不是。

解决这个难题的关键仍然在藏文。除了汉语以外，藏语有着汉藏语系中最早形成成熟系统的文字，相对汉语形声字的语焉不详，藏文的表音精准明确。藏文中表示"新"的词是 གསར་པ (gsar pa)，其中 pa 是个词缀，词根则是 gsar。

这是个非常古老的词汇，独龙江峡谷的独龙语中"新"是 /sər55/，而在汉语里，这个词根对应的是"鲜"。也就是说，历史上的汉语曾经有过 -r，中古以来汉语的一部分鼻音变成了 -n。"寅"和"辰"也很可能有类似情况。

壮侗语祖先借用地支的年代非常古老，除了"寅"和"辰"外，"戌"也是一个。

"戌"在普通话里面声母是 x，普通话的 x 在近代汉语里分别来自 s 和 h，"新"和"欣"在普通话里同音，但是在近古时期分别读 sin 和 hin。京剧里这两类字至今还没有混并，这也是"北京"以前在英语中被写成 Peking 的来源。

从中古到近代，汉语"戌"的声母始终是 s。然而，地支的"戌"在布央语中是 /phit54/，在阿洪姆语中是 mit。在同属壮侗语的老挝语中,"戌"则是 cɤ̌ɔ(set)。

有意思的是,"灭"的繁体"滅"正是以"戌"为声旁的。在湖北云梦睡虎地发现的秦朝竹简中,"滅"并没有三点水,而是只由"戌"和"火"组成,在久远的上古时代,"戌"的声母很可能是 sm-。这个原始声母的痕迹在文字中仍然保留,但在所有现今的汉语方言里已经消失殆尽,却因为古代的壮侗人借用地支纪年,意外地在壮侗语言中保留下来。

天干地支本质而言可视作一种计数系统。如果算上天干地支,则汉语的常用计数系统多达三套。多数语言中,如果出现了不止一套计数系统,一般是因为历史上从另外一种语言中借用了数词。早期的干支主要用于计算日期,在周朝初年的《尚书·召诰》篇中,开头就是"惟二月既望,越六日乙未……",月份使用一般数字,而日期使用干支。干支逐渐扩展到年份、时辰和月份是后来的结果。高度受限的状态让干支看上去更像是汉语早年向其他语言借用的一套系统,就如后来壮侗语借用汉语的干支但只用来纪年一样。但是,迄今为止,在东亚大陆的诸多语言中,并没有找到天干地支的可靠来源。事实上,就数词来说,古代中原华夏先民一直充当着输出者的角色。

中国数字的输出

今天我们对数字司空见惯、习以为常,但是数字的产生和发展有赖于数学的进步，并非理所当然的存在。数词的发展需要经历漫长的过程，在中国，虽然东汉的《九章算术》可能已经出现了作为概念的 0 的雏形，但是一直到了南宋和金朝的《数书九章》和《测圆海镜》，才出现了表示 0 的符号；而更为抽象的虚数，则出现和普及得更晚。

想象一下，你是一个远古的猎人，今天外出捕鱼，当你带着一天的收获返回部落时，部落里其他人也刚刚收集完附近的野果回来，你们都没有把食物留给自己，而是直接交给部落，成为整个部落成员的晚餐。

对于一个"商品概念"还没有诞生的社会来说，精确计数的必要性并不高，部落成员关心的是收获的多少。只有在有了商品交换以及农业、牧业等更复杂的社会形态以后，如何点数才是生活中必不可少的。

在这样的社会结构中，比较有意义的数字只有最低的几个自然数。今天巴西亚马孙森林中的一些土著语言仍然没有常规的计数系统，他们的语言里除了 1 之外没有其他数词。另一些语言中则有 1 和 2，更大的数字则通通用"许多"来指代。

当商品社会渐渐发展时，更大的数字才有了存在的必要性。但是这也随之产生了一个问题——进位。

人的记忆能力有限，然而数字是可以无限大的。伴随逐渐增大的计数需求，必须发明和愈来愈大的数字相配套的数词。如果对每个数字都单独命名，则有多少数字就得有多少数词，显然这远远超过了人类大脑所能处理的记忆极限。

因此，在所有有成熟数词系统的语言中，都会把大到一定程度的数字拆解为小的数字，这样才能用有限的词汇来表达无限的数字，即"进制"。

汉语的数词体系可能是世界上最简单、最易用的数词体系之一。汉语个位数词都是简短的单音节，不像英语 1~10 当中就有 seven 这样的两个音节的词，中国小童学习乘法使用的九九乘法表如果用英语念诵一遍，可就极其费事了。而当数字高过 10 时，汉语采取简单的叠加方法进位，11 就说十一，30 就说三十，不像英语用 eleven、thirty 这样的专门词汇。

中国境内许多语言的数词系统都比汉语的数词要复杂许多。如维吾尔语就有专门的表示"几十"的词，从"二十"到"九十"分别为 yigirme、ottuz、qirq、ellik、atmish、yetmish、seksen、toqsan。"二"到"九"则是 ikki、üch、töt、besh、alte、yette、sekkiz、toqquz，从"六"到"九"与"六十"到"九十"尚能看得出联系，但是"二十"到"五十"则和"二"到"五"截然不同了。

不过不论是汉语、壮语、傣语、英语还是维吾尔语，数词系统都主要采取十进制的方式，每 10 个数字进位一次。这是所有语言中最常用的一种进制，可能和我们的双手有关：如果我们需要点数，最方便的是用手。每根手指代表一个数，一只手就可以数到 5，而如果双手并用，则可以数到 10。

然而十进制并不是必需的。计算机处理数据时采用二进制，譬如1~10，如果用计算机二进制表述则是1、10、11、100、101、110、111、1000、1001、1010。十进制也并非在任何情况下都是最利于人类的计数方式——如果我们纯粹用手指计数的话，十进制条件下我们只能数到10，假设采取五进制，即一只手数完再用另外一只手的一根手指表示高位数的话，最大可以数到30。

五进制初听起来或许有些怪异，实际上中国人对五进制并不陌生，如果你还记得小学时的珠算课，应该会记得隔档上的上珠，一粒可以代表五粒隔档下的下珠，算盘就是一种一定程度上以五进制为基础的辅助计算工具。

类似算盘的数词系统在自然语言中也存在。柬埔寨所使用的高棉语当中，从"一"到"九"分别是មួយ（muŏy）、ពីរ（pir）、បី（bel）、បួន（buŏn）、ប្រាំ（prăm）、ប្រាំមួយ（prăm muŏy）、ប្រាំពីរ（prăm pir）、ប្រាំបី（prăm bey）、ប្រាំបួន（prăm buŏn）。从"六"到"九"实际上都是5+1、5+2、5+3、5+4式样的五进制。高棉语的远亲，中国云南沧源县岩帅佤族说的佤语的数词系统当中6则有独特的地位，6是liah、7则是a liah。两者之间存在明显的派生关系。这种佤语2是ra，7可以看作是"第二个6"的意思。

2和7的神秘联系

事实上，五进制数词的痕迹在汉语中也不是完全无迹可寻。数词是整个汉藏语系中最稳定的一类词,几乎所有的汉藏语都共享大部分数词。在藏文中,1~9分别为 གཅིག(gcig)、གཉིས(gnyis)、གསུམ(gsum)、བཞི(bzhi)、ལྔ(lnga)、དྲུག(drug)、བདུན(bdun)、བརྒྱད(brgyad)、དགུ(dgu)。缅文中则是 တစ်(tac)、နှစ်(hnac)、သုံး(sum:)、လေး(le:)、ငါး(nga:)、ခြောက်(hkrauk)、ခုနှစ်(hku.nac)、ရှစ်(hrac)、ကိုး(kui:)。而在四川西部马尔康市大山中沙尔宗镇和大藏乡,极度保守、有"汉藏语活化石"之称的嘉绒语茶堡话中,1~9分别是 tɤɣ、ʁnɯz、χsɯm、kɯβde、kɯmŋu、kɯtʂɤɣ、kɯɕnɯz、kɯrcat、kɯngɯt。

在吐蕃帝国崛起之前,广袤的青藏高原曾经存在一个在藏语中称作"象雄"(zhang zhung)的古国。在唐朝史籍中,这个古国被称作"羊同"。我们对象雄知之甚少,只知道象雄古国的核心地区在今天西藏西北部的阿里地区。在海拔极高、空气极稀薄的阿里地区,古代象雄人发展出了复杂的城市文明,并创造了佛教传入西藏前的本土宗教——苯教。

7世纪,吐蕃兴起,象雄王国被吐蕃攻灭,随后象雄王国逐渐湮灭于历史之中。然而源自象雄的苯教此时早已渗入吐蕃帝国的方方面面,一度成为吐蕃帝国的主流信仰。佛教传入后很长时间仍然与苯教处于拉锯状态,并没有立刻成功取代苯教。苯教的重要地位一直维持到了第37代吐蕃赞普赤松德赞在位期间。赤松德赞笃信佛教,从印度迎来佛教大师莲花生,并亲自主持佛教苯教辩论,莲花生大师代表佛教获胜后赞普下令吐蕃全国废除苯教。在赞普的支持下，佛教终于取得了吐蕃国教的尊崇地位。然而，源自象雄的苯教一直维持了一定势力，并未被消灭殆尽，吐蕃帝国末期甚至发生了信奉苯教的赞普朗达玛灭佛，引发吐蕃大规模动乱，使吐蕃帝国一蹶不振的事件。时至今日，苯教在藏族人中，尤其在康巴地区仍然有不小的影响力。

象雄语早在多年之前已经随着象雄古国的消亡而灭绝，但是由于象雄语在苯教信仰中的地位，吐蕃帝国时期就曾组织人手将象雄语书写的苯教经典翻译为藏语。可惜的是，大部分的象雄原典可能由于禁绝苯教的缘故已经散佚。

当今关于象雄语最重要的文献可能是一部名为《洞窟宝藏》（མཛོད་ཕུག）的伏藏。伏藏是藏传佛教的古老传统，主要是把经典隐藏起来，度过未来的劫难后，由后世的伏藏师再挖出公之于世。《洞窟宝藏》于 11 世纪公之于众，是当今唯一有一定篇幅的象雄语和藏语双语文献，这部伏藏共有 17 章，大体遵循将经典句子的象雄文版和藏文版对照排列的格式，其中第 1~6、8、12、16 章的翻译较为完整。

由于材料稀缺，我们对象雄语仍然知之甚少，但是幸运的是，《洞窟宝藏》这样的双语著作让我们能确定象雄语中少量词汇的含义，这其中就包括数词。象雄语的数词从 1~9 分别为 tig、nis、sum、bing、nga、drug、snis、gyad、gu-dug。

一个有趣的现象是，象雄语的 2 和 7，即 nis 和 snis 相当接近。嘉绒语茶堡话的 2 和 7，即 ʁnɯz 和 kɯɕnɯz，缅文的 2 和 7，即 hnac 和 hku. nac 也都很相似。不仅如此，在独龙语中 2 是 /ə³¹ ni⁵⁵/，7 是 /sɯ³¹ ɲit⁵⁵/。在汉藏语中，2 和 7 这两个数字有着较为紧密的联系，在一个典型的五进制系统中，7 正好可以表示为 5+2，这种联系恐怕并非偶然的巧合。

哪怕是汉语中，2 和 7 的联系也不是无迹可寻。今天普通话的 2 读 er，7 读 qi，几乎完全看不出联系，但是要是跳出普通话，看一下其他汉语方言，则这两个字的读音会接近不少。上海话、客家话、福建北部的方言以及广西的许多粤语里面 2 就读 ni/nyi/ngi 之类的读音，这个读法更接近古代汉语的读音。中古时期从汉语中引入大量借词的日语和越南语中，2 分别读成 ni 和 nhị。7 在中古汉语中读 tshit，今天客家话和闽南话中 7 的读音仍然和中古时代基本一致。

如果汉语的 7 也像这些保守的汉藏语一样，声母来自远古时期的 sn- 的话，那么汉语的 7 和它们一样，也曾经和 2 共享词根。问题就在于，中古汉语的 tsh 是否可能来自上古到远古时代的 sn。

在紧邻西藏阿里的印度喜马偕尔邦的金瑙尔县的汉藏语——金瑙尔语中，7 读 stis。在这种语言中，亲属语言的 sn 都变成了 st。而在四川阿坝州黑水县西尔镇的羌语中，7 读为 stə，也发生了类似的变化。

近几十年，滇西北地区以其优美的自然风光和独特的民族风情成为无数游客寻求心灵洗涤的目的地，其中又以丽江最受欢迎。在游览丽江之后，许多游客也会被摩梭人的"走婚"风俗吸引，从而前往丽江东北的泸沽湖。丽江的纳西语和摩梭人说的语言是近亲，这两种语言中，7 分别读作 /ʂɚ³³/ 和 /sɿ³³/，/s/ 是卷舌音，和汉语拼音的 sh 类似，ɚ 则表示元音卷舌，类似普通话的"儿"。而在更东北的四川凉山州喜德县的彝语中，7 是 /sɿ²¹/，这些语言都和把 7 读作 hku. nac 的缅甸语以及读作 /ŋɚ⁵⁵/ 的中国怒族的怒苏语有较为密切的联系。

更为重要的证据来自汉语自身。汉字"次"在东汉许慎所著的《说文解字》中被认为是一个形声字，以"二"为声旁。"次"的意思也和"二"有关，如在"其次""次日"等词里面，"次"的含义非常接近"第二"。"次"在中古时读 tshi，和"七"声母相同，在遥远的造字时代，"次"和"七"的声母中很可能带有鼻音 n，就如汉语的亲戚们一样。

中国话里的其他进制

除了五进制和十进制外，还存在更多的进制法。

倘若使用拇指当作点数工具，数同只手另外四根手指的指节，则一只手可以点到 12，这样就有了诸如地支的"十二进制"。而如果双手双脚所有的手指脚趾都用来点数的话，则可以点到 20，也就是"二十进制"。

法语在 80～99 即采用二十进制，如 80 的说法 quatre-vingts，字面意思就是 4 个 20，从 80 开始，一直到 99，都用"4×20+x"的方法表示。在云南傣族地区，则有 ʔulɔŋ/saːu⁴⁵/

（此处以云南德宏州的傣文为例）这样一个表示20的数字的词。这个数词从中国云南傣族地区一直向南延伸到泰国清迈以及老挝附近。在清迈的市集里，如果一个外国人用这个词表示20，往往会博得当地人的会心一笑，因为在标准泰语，也就是曼谷话中，ยี่สิบ（yi sip/20）的说法借自汉语的"二十"，就算是学过一点泰语的游客，一般也不知道清迈方言中20会用一个特别的词表示。而在中国的农历中则有以"廿"表示"二十"的习惯。"廿"文字上起源很早，但是语音上曾经是"二十"的合音，宋朝以来为了避讳改读成音近的"念"。

此外，中国人的日常生活中，还会使用到十六进制。汉语里一个非常常用的成语是"半斤八两"。今天中国的传统单位是"市斤"，一斤等于十两，半斤和八两并不等价。但是历史上，中国在重量单位上则长期采用"高位单位等于16个低位单位"的算法，即一斤等于十六两，半斤也就等于八两了。现今在香港、澳门、台湾地区，一斤仍然等于十六两，继承了古代的传统。而在内地，我们仍然可以从算盘上窥得一丝古斤两的痕迹。

早期中国算盘和今天的日本算盘比较类似，横隔以上一粒算珠，以下四粒，这是一种适应十进制计算的工具。但是中国今天的算盘却是上二下五的，对于现代会计制度来说，上下各有一粒算珠是多余的，上一下四已足够使用。但是如果是十六进制的话，上二下五的配置就是很必要的了。这样的配置，如果需要打出 15，只需要把两颗上珠和五颗下珠全部用上即可，非常有利于涉及斤两等单位的快速运算。重量单位以十六进制为基础可能是因为 16 是 2 的 4 次方。早期衡量重量多以类似天平的衡器为基础。天平式的衡器非常适合把重量等分，因此把给定重量按序分割成 2、4、8、16 份是较为方便的。

从上古时代开始，汉语的计数系统由于简短易用、科学合理而广泛向外输出，甚至汉语数词本身也是输出对象。除了壮侗语广泛借用了汉语数词之外，苗语、瑶语、日语、朝鲜语都先后借用了汉语的数词。今天在新疆甚至可以看到一种有趣的现象，如果碰上类似报电话号码一样需要一下说出一连串数字的时候，许多维吾尔族人会转用汉语报出这串数字。

数词的发展遵循从低到高的规律，越小的数词越会倾向于使用本土数词。在朝鲜语中，1~99 都有本土数词说法，100 以上则几乎只使用汉语数词。日语 1~10 有本土说法，尤其是 4 和 7 本土说法占优，10 以上则是汉语数词的天下。壮侗语则更是全盘倒向了汉语数词，1 以上的数词几乎都是汉语词。以泰语为例，1 是 หนึ่ง（nueng），和汉语没有明显关系，2 则是 สอง（song），来自汉语"双"或"两"，3 以上则跟汉语说法完全对应。更有趣的是，如果 1 出现在较大的数词中，则也得用汉语的"一"，如 สิบเอ็ด（sip et/11），就用明显来自汉语的"十一"。由于高棉语 30 以上的数词从泰语借入，所以实际上高棉语较大的数词也采用了汉语数词。

虽然汉语数词影响广泛，但大体上深度借用汉语数词的语言大多限于东亚和东南亚。其他语言或是早已自己发展出精密的计数系统，或是和中原的汉语接触的强度有限，并没有从汉语中大量借用数词。

"万"之谜

不过汉语数词的传播范围主要限于东亚和东南亚的规律中却有着一个重大的例外，那就是"万"。

在俄罗斯西伯利亚地区西部，有一座叫作"秋明"（Тюмень/Tyumen）的城市。今天的秋明地区是俄罗斯最重要的产油区，历史上则是俄罗斯从欧洲向东扩张的桥头堡。

在被俄罗斯夷平并重建前，秋明曾经是西伯利亚汗国的都城"成吉-图拉"。西伯利亚汗国的上层是蒙古和突厥部落，而在蒙古语中，"万"就是 tümen，"秋明"的含义很可能与蒙古人和突厥人的军事组织有关，即把兵力编制成十户、百户、千户、万户以利指挥。

秋明在西伯利亚的西端。越过西伯利亚广袤的林海雪原，在距离秋明万里之外的中国东北延边朝鲜族自治州中朝边界处，有一座叫作"图们"的城市。图们市的名称来源于流经该市的图们江，长期以来，图们江都是中国和朝鲜边界北段的界河。朝鲜方面则称呼这条江为"豆满江"。1712年左右，清朝官员穆克登立碑确界，碑文中有"东为土门"，即"东段以图们江为界"。

"图们"和"豆满"在汉语和朝鲜语中都不可解释，实际上是满语 tumen ula 的翻译。满语全称为 tumen sekiyen i ula，即"万源之江"的意思。由于是音译，所以汉字写法也不稳定，有"土门""图们""土们""豆满"等多种写法。

今天中朝边境地带主要的语言是汉语和朝鲜语，满语已经濒临消失，但在明末，这片地区是女真人主要的聚居地，大量的地名都来自女真语（满语）。这些满语地名的含义在满语尚通行的时期非常明确，如朝鲜李朝的《新增东国舆地胜览》中对"豆满江"的解释为："女真语谓万为豆满，以众水至此合流，故名。"这个释义极其精确。

由于长期实行边禁，图们江北岸人烟稀少。19世纪中期以后，朝鲜北部连连遭灾，大量朝鲜流民渡过图们江垦殖。1881年和1883年，清朝下令朝鲜刷还（领回）越界垦农。朝鲜垦农则上书朝鲜钟城府使，提出碑文上的"土们江"并不是图们江，而应该是更靠北的海兰江。朝鲜官方采纳垦农的说法，提出和清朝重新划界，更依据松花江支流黄花松沟子有一段"有土堆如门"而把"土门江"说成是"黄花松沟子"。此后图们、土门两江说多次沉渣泛起，但中国方面始终拒绝承认。

虽然秋明和图们相隔几千公里，但并不阻碍 tumen 在两地出现。不光如此，这个表示10000的词分布之广足以让人啧啧称奇，除了秋明这个地名之外，俄语还有同样来自蒙古

语的 тьма 表示 10000。

如果去到秋明西南 3000 公里外的伊朗，会发现伊朗的货币"里亚尔"有个奇怪的现象。一个标价 10000 里亚尔的商品，伊朗人在口语里却会说是 1000 托曼（تومان/tomān）。尽管今天不管是 1 里亚尔还是 1 托曼在伊朗已经由于长期恶性通胀而没有购买力可言，历史上托曼却是一个非常值钱的货币单位，1 托曼相当于 10000 第纳尔。事实上，2020 年 5 月，伊朗进行了货币改革，决定废除里亚尔，改用托曼，1 托曼等于 10000 里亚尔。托曼又一次恢复了本义"万"。

伊朗波斯语的"托曼"是从突厥语中借用的。今天中国新疆的维吾尔语如果要表示 10000，正式的说法是 on ming，即"十千"，但是在口语中，尤其是在新疆吐鲁番地区，仍然常用 tümen。而在维吾尔语一统塔里木盆地之前，茫茫沙海中的各个绿洲的语言远比现今多样。这些绿洲处于天山和祁连山脚下，虽然气候干燥但却有冰川融水提供水源，它们沿着沙漠边缘组成了环形分布的城镇环。塔里木盆地东边是中原大地，北边是欧亚大草原的一部分，西边是大伊朗地区，西南则是天竺，南边的高原上居住着古羌人。从史前时代开始，塔里木盆地的诸绿洲就接纳了四方来客，他们带来了自己的语言、文化、宗教，又由于各绿洲相距较远，单个绿洲能支持的人口有限，塔里木盆地并未形成统一的大型国家，所以以绿洲为基础成立了各个小国。

随着各绿洲势力的消长和外来势力的干预，各绿洲的政治归属也经常发生变化。盆地东北，今天的吐鲁番和焉耆曾是古代的车师国和焉耆国的领地。信仰上座部佛教"说一切有部"的龟兹国则占据了塔里木盆地北缘，即以今天的库车为中心的大片土地。它的西侧，即今天的阿克苏附近则是姑墨国。这四国基本控制了塔里木盆地丝绸之路北线的东中段，根据当地出土的文物上的记载，从汉朝到唐朝，车师和焉耆都说焉耆语，龟兹和姑墨则说龟兹语，焉耆语和龟兹语较为接近，和其他绿洲语言的差别要大得多，这两种语言合称"吐火罗语"。

吐火罗语虽然远在新疆，但却是一种印欧语，和北印度的印地语、伊朗的波斯语，以及欧洲的法语、英语、德语等都有亲缘关系。印欧语的祖先最早生活在欧亚大草原上，在掌握了骑马和金属冶炼技术后迅速向着各个方向扩张，占据了大半个欧亚大陆。在一些基本的词汇中，千年前已经灭绝的吐火罗语竟然和不列颠岛上的英语类似，如公牛在英语中是 ox，在焉耆语里是 ops-，在龟兹语里则是 okso。

两种吐火罗语都存在表示 10000 的词，在焉耆语中是 tmāṃ，在龟兹语中则是 tumāne。吐火罗语在公元 9 世纪以后灭绝，至少 1000 多年前，新疆就已经使用 tumen 来表示 10000 了。

实际上，tumen 的历史可能还可以向前追溯，早在秦朝时，匈奴第一代单于就是"头曼单于"。我们对匈奴的语言知之甚少，甚至难以判断系属，然而"头曼"在秦汉时期的发音和 tumen 足够接近，很可能是 tumen 在北方草原首次出现。

不过在南方的中原，tumen 的出现甚至或许更加古老。

春秋时期，位于中原的宋国国君是商朝王室的直系后代。宋国地处交通要冲，宋人以善于经商闻名。然而被诸强国环绕的地理限制使得宋国难以取得大的发展，跻身春秋五霸的宋襄公也难以称得上是个真正的霸主。后来的宋国则致力于在晋国、楚国两大强国之间周旋调停，以尽量避免兵燹之祸。

春秋晚期，宋国有一位在位 48 年的国君宋景公。景公在位时间虽长，但总体而言较为波澜不惊，并没有留下太多记录。然而令人惊奇的是，就是这么一位宋国国君，竟然有好几个名字。《史记》中记载春秋时期的宋景公名"头曼"，然而《左传》中宋景公名"栾"，《汉书》中名"兜栾"，在宋景公时期的青铜器的铭文上，景公的名字为"䜌"。

以今天的汉语来看，宋景公的名字出现这么多看上去不搭界的版本着实令人费解。今天"栾"（luan）和"曼"（man）的读音看上去并无联系，然而在上古时代，情况却大相径庭。

按照常理推论，名字应该怎么写，最清楚的莫过于宋景公自己，所以宋景公时代的青铜器上的"䜌"应该是可信的写法。"䜌"是一个常见的声旁，简化后成了简体字"变""蛮""銮""弯""恋"等字的上半部分。在先秦时代的古文字中，"䜌"作为字符也可以直接用来表示"蛮""变"

等字，这些字的读音在当时一定较为相似。

历史上的宋景公作为一国之君，不会同时使用几个不相干的名字。宋景公的这些名字字数不等，古文字字形也不接近，形近导致传抄讹误的可能性很小。因此他的诸多姓名可能是一个名字的几种写法，在春秋战国时期诸国林立、文字也未统一的状态下，这个名字在不同地区采用了不同的汉字记录。司马迁著《史记》和班氏家族著《汉书》时依据的古籍版本不同，因此也沿用了不同的写法。

假如"头曼""兜栾""䜌""栾"确实和后来北方民族的 tumen 相关，则 tumen 的出现可以上溯到先秦时期。那么这个词有记录的历史持续长达 2500 年，地理分布从欧洲一直到中国东北，跨越了汉语、吐火罗语、维吾尔语、蒙古语、满语、俄罗斯语等属于不同语系的诸多语言，可以算是词语中的成功者。问题在于，它到底来自哪种语言，tumen 传播的源头在哪里？

暂且不管 tumen 的谜团，看看汉语自己对 10000 的说法——"万"。

如果比较东亚和西方语言的计数系统，就会发现两者在数词表示上有一处很大的区别。西方每 10^3 出现一个重要的大数单位，譬如英语 10^3 为 thousand，10^6 为 million，10^9 为 billion。东亚却是每 10^4 出现一个重要的大数单位，譬如汉语 10^4 为万，10^8 为亿，10^{12} 为兆。其他的大数则是用这些重要单位组合表示。

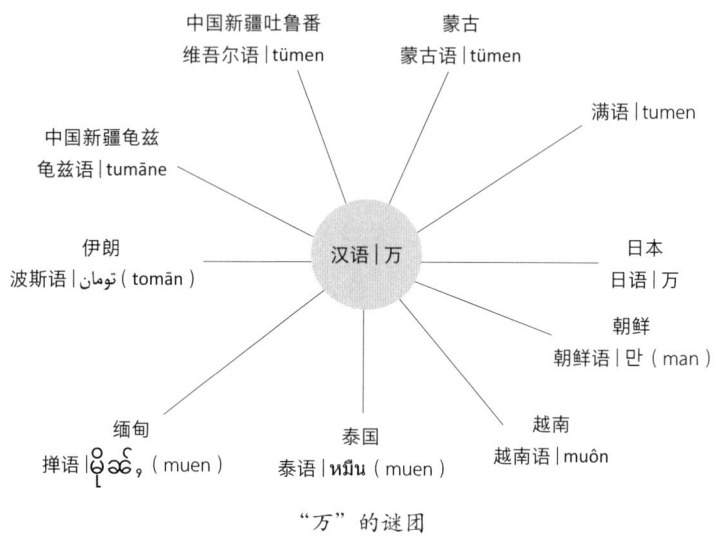

"万"的谜团

  几乎整个东亚东部和东南亚大部的重要语言在"万"这个级别的数字上都采用汉语说法：日语直接借用了汉字"万"，朝鲜语为만（man），越南语为muôn，泰语为หมื่น（muen）。"万"的繁体字是"萬"，但和很多简化字不同，"万"并不是20世纪50年代汉字简化的产物。"万"和"萬"近乎同样古老。两字都出现在甲骨文中，"萬"是一个象形文字，看起来像是一只张牙舞爪的蝎子，"万"则含义不明，可能是一个上古部落方国的名称。

  两个字起初都不表示10000这个数词。数词是个抽象概念，难以用象形乃至形声方法表达，因此汉语数词往往采用假借读音相近的字形来表达的方法。如"七"在甲骨文中写法类似"十"，本来其实是"切"的汉字，即"用一竖切一横",后来被用来表示数字 7 之后,反倒本来的"切"需要再加个刀旁了。而甲骨文中的"十"写法就是"丨",一般认为本来是指"针",后来被借用表示 10,原来的"针"就加了金旁。

与"萬""万"表示 10000 类似,原来表示 10000 的词读音和"萬""万"相近,因此这两个字先后被假借表示 10000。"萬"原来表"蝎子、毒虫"的字义则变成了加了虫旁的"蠆"(虿)。在上一章中,我们发现以"萬"为声旁的"糲"(粝)上古拟音为 m·rads 或 mə-rat-s。严格说来,真正的声旁并不是"千万"的"萬"(万),而是现今加了虫旁的"蠆"(虿)。"蠆"(虿)在上古汉语中的拟音则为 *m̥ʰraːds 和 *mə-r̥ʔat-s。音标下的圆圈表示这个辅音是清化的,受到辅音清化影响,声母后来变成 thr,并最终卷舌化,演化为现代普通话的 ch。日语中,"虿"至今读作 tai。"千万"的"萬"(万)上古时代的拟音则是 *mlans 或 *C.man-s(C 在白一平-沙加尔系统中表示某个未知辅音)。虽然和"虿"略有不同,但是 t/d 和 n 部位相同,两字读音尚属相近。形声字中,带鼻音的"懒"也用不带鼻音的"赖"充当声旁。

遗憾的是,我们目前无法得知上古汉语表示 10000 的"万"的确切读音,对上古汉语的拟音仍存在诸多未能解决的问题,也未必一定正确。我们因此也尚不能确认覆盖欧亚大陆大部的两个 10000,即 tumen 和"万"到底是什么关系,宋景公为何名叫"头曼"以及他的"头曼"和匈奴"头曼单于"的"头曼"是不是一个意思，尚是一个谜团。可以确定的是，无论"万"这个概念最早出现在何时何地，古代的华夏先民都对它的数学应用和词语传播起到了极大的作用。

虽然短期内"万"与 tumen 的谜团尚难解开，但是另外一种中原和北方民族概念相似但形式不同的计数系统或许能提供更多中原和北方民族计数方面的联系。

回到干支

与借用地支的日语、朝鲜语、壮侗语、越南语等不同，我们很难在北方民族的纪年系统里面找到地支的影子。并非是他们对中原历法不屑一顾——古代新疆吐鲁番的高昌回鹘人曾经借用了十个天干，分别为 qap、ir、pi、ti、bou、ki、qï、sin、žim、kui，不需要对回鹘语有多深的了解就可以看出这一定是借用汉语的"甲、乙、丙、丁、戊、己、庚、辛、壬、癸"。甚至在"乙""丙""丁""戊""庚"这些字上面还出现了入声 -t 变成 -r、-ng 消失、m 变成 b 等中古汉语中西北方言发生变化的现象，因此可以推测出这套天干借用自唐朝的西北地区，恰好也是地理上距离北方草原最近的汉语。高昌回鹘甚至还从西北方言借入了当代中国除命理从业者外极少会听说的建除十二神（kin、čuu、man、pi、ti、čip、pa、kun、či、šiu、qai、pii）作为历法一部分，但是更加常见的十二地支反倒难觅芳踪。

原因大概很简单，无论是北方草原的突厥汗国和回鹘汗国，还是新疆本地的龟兹人、于阗人，都早已采用和十二地支完全对应的十二生肖纪年。龟兹语中十二生肖为 arśakärśa、okso、mewiyo、paṣe、nāk、auk、yakwe、śaiyye、mokomśke、kraṅko、kū、suwo，除了鼠是蝙蝠、龙是印度神兽娜迦以外，其他和中原生肖一样。

由于十二地支和十二生肖存在紧密的联系，历来就有许多学者试图从动物名入手，追溯地支的来源。清朝大学者赵翼认为生肖是北方的游牧民族的风俗，北方的游牧民族不用南方汉族的干支，而采用动物纪岁，后来这套源自北方的动物纪岁系统传入中原，和中原固有的十二地支相结合，衍生出后来的十二生肖。

清朝以来，生肖北来说一直颇为流行。中国古代的北方民族，如满族、蒙古族还有更早的女真、契丹都有使用十二生肖的记录，动物顺序也和中原的十二生肖几乎一致。而在诸北方草原民族中，古突厥最早留下了采用动物作为生肖的文字记录。

古突厥人本来是柔然汗国统治下的部落，源自今天新疆北部的阿尔泰山一带。6世纪中叶，突厥阿史那氏部族脱离柔然汗国，在首领土门带领下建立政权，自称"伊利可汗"。随后突厥汗国迅速扩张，成为草原霸主。

草原上的突厥部落本来没有文字，然而迅速扩张的汗国和随之而来的行政管理记录等都必须依靠书面记录。此时在北方草原和中亚一带流传最广的文字之一是粟特文。粟特人的大本营位于今天的乌兹别克斯坦阿姆河和锡尔河之间的河中地区，中国古代的"昭武九姓"即为粟特人。粟特人善于经商，在欧亚大陆建立了复杂庞大的商业网络，粟特文也伴随粟特商人的脚步扩张到粟特商业网络的各个角落。到了7世纪，古突厥文出现，这是一种表音文字，较系统地记录了当时古突厥语的发音。

由于有表音文字的帮助，今天我们能对古突厥语有一定程度的了解。这种语言和今天的维吾尔语、哈萨克语等语言有亲缘关系，但是它们对数字的理解则相当不同。譬如11在古突厥语里是bir yigirmi，维吾尔语中和yigirmi同源的yigirme表示20。但在古突厥人的认知中，yigirmi指"第二个10"，而这"第二个10"中的"第一个"（bir），自然也就是11了，同理bir otuz则指21。这样的计数方式对于不习惯的人来说颇为费解，但是在甘肃肃南裕固族自治县的西部裕固语中，仍然承袭了这种从古代突厥语流传下来的计数方式。

而在纪年上，古突厥人则使用十二种动物来纪年。这十二种动物分别是sïčyan/küskü、ud、bars、tabïšyan、luu、yïlan、yund、qoñ、bičin、taqïyu、ït、laɣzïn/toŋuz。

由于有现代维吾尔语、哈萨克语等语言参照，这十二个词指什么动物并不存在问题，它们分别是鼠、牛、虎、兔、龙、蛇、马、羊、猴、鸡、狗、猪，和中原十二生肖完全一致。这套生肖系统后来一直被突厥诸部落延用。

"一位可汗决定为纪年取名,下令赶动物过伊犁河。'其中有十二种泅水过了河,于是便用这十二种动物的名字当作十二个年的名称。'其过河的先后顺序为鼠、牛、虎、兔、鳄鱼、蛇、马、羊、猴、鸡、狗、猪。"

这看起来很像中国人耳熟能详的一个关于十二生肖的神话故事,但是实际上,上面的故事出自《突厥语大辞典》,作者是 11 世纪的喀什人马哈茂德·喀什噶里。这些生肖与汉族生肖和古突厥生肖稍有不同,以鳄鱼取代了汉族生肖的龙。而在今天的维吾尔语中,十二生肖为 chashqan、kala、yolwas、toshqan、bëliq、yilan、at、qoy、maymun、toxu、it、tong'guz,和古突厥语对比,除了马(yund)、牛(ud)被口语中更常用的 at 和 kala 替换以及猴(bičin)改用了阿拉伯语借词 maymun 以外,真正被替换的动物只有第五个生肖,龙改成了鱼(bëliq)。而哈萨克十二生肖则为 tïshqan、sïir、barïs、qoyan、ulw、jïlan、jïlqï、qoy、meshin、tawïq、ït、dongïz,第五个生肖 ulw 仍然和古突厥的 luu 类似,只不过在今天的哈萨克语中,这个词在日常生活中的意思是"蜗牛"。

然而古突厥生肖用词语音上的特点就暴露了这些词并非古突厥语本来就有的词汇,而是向另一种语言借用的。

古代突厥人的语言里,几乎没有 l 开头的词,而在古突厥生肖中,却有两个 l 开头的生肖,龙和猪。

突厥生肖 luu 和汉语的"龙"的关系几乎显而易见，突厥人活跃的时期正当中国的隋唐。此时在中国，"龙"本来就是源自中原的传说动物，在现实生活中并不存在。

可汗墓碑上的生肖

8世纪东突厥汗国有一位可汗称"毗伽可汗"。716年，毗伽可汗的叔叔迁善可汗遭遇伏击意外身亡。迁善可汗一生四处征战，是武则天时期北方的重大威胁，武则天和唐睿宗多次用兵，并为"能斩杀迁善可汗者"设巨赏而未果，未想迁善可汗居然在征战拔野古部落胜利班师回朝时遇袭身亡。迁善可汗之子拓西可汗继位后，毗伽可汗的弟弟阙特勤起兵杀之，于719年尊哥哥为可汗。

毗伽可汗在次年打败唐朝征讨大军后遵循老臣暾欲谷的建议，与唐朝修好，并认唐玄宗为父。暾欲谷和阙特勤都先于毗伽可汗去世，他们去世后，都立有石碑纪念。毗伽可汗则于734年被权臣梅录啜毒杀。对梅录啜来说颇为可惜的是，他用来毒杀毗伽可汗的毒药可能质量不太好，毒发速度过慢，毗伽可汗在去世前成功杀了梅录啜。

暾欲谷、阙特勤和毗伽可汗去世后立的石碑合称"突厥三大碑"，后两者由唐玄宗派唐朝工匠协助雕刻。铭文有汉文和突厥文两个版本，其中阙特勤碑的汉文版更是由唐玄宗亲自书写。

并不意外的是，阙特勤碑和毗伽可汗碑的汉文与突厥文内容并不相同，称之为阴阳碑文也并不为过。汉文碑文强调了唐朝和突厥汗国的友好以及玄宗与毗伽可汗的义父子关系，并外交辞令式地表达了双方的深厚感情和唐朝方面对巨星陨落的痛惜。突厥文碑文则告诫突厥人，南面的唐朝和北面的乌古斯都是最大的敌人，需要提高警惕。

毗伽可汗中毒身亡的年份 734 年是狗年，次年落葬立碑，是猪年。在毗伽可汗碑的突厥文部分中，毗伽可汗的儿子描述了毗伽可汗去世和葬礼的情况。"…qayan ït yïl onunč

古突厥碑文

ay altï otuzqa uča bardï. Laɣzïn yïl bišinč ay yiti otuzqa yoɣ ertürtüm."("……可汗于狗年 10 月 26 日去世，我于猪年 5 月 27 日举办葬礼。")

在这段文字中，月份和日都采用了一般的数词，onunč ay altï otuz 是"10 月 26 日"，bišinč ay yiti otuz 是"5 月 27 日"。年份上则采用生肖纪年，ït yïl 为狗年，laɣzïn yïl 为猪年。

现代突厥语中，"猪年"和"猪"本身多用类似 toŋuz 的词表示，然而在早期的突厥碑文中，"猪年"几乎都用 laɣzïn。如果古代突厥人是生肖纪年的发明者，很难解释为什么他们会抛弃常用的 toŋuz 而要用 laɣzïn，更奇怪的是他们还使用草原上本不存在的动物"龙"，并且从汉语中借用 luu 来表示这种动物。后来的历史显示，欧亚大草原游牧扩张的突厥人确实对"龙"不大熟悉，所以后来"龙"才会被"鱼"或"鳄鱼"甚至"蜗牛"所替代。

事实上，唐朝的突厥人清楚地知道"生肖"本非突厥人固有的纪年法。阙特勤和毗伽可汗去世后立碑均采用生肖纪年，但 726 年左右去世的老臣暾欲谷生前自撰的墓碑则完全不用生肖纪年。暾欲谷出生在唐朝境内，虽然后来劝说毗伽可汗与唐交好，但终其一生都对唐朝有浓厚的敌意和不信任感，强调维持突厥传统，反对汉化，他的墓碑上战功赫赫，但却从来不写年份，恐怕不是偶然。

突厥汗国之后的契丹、女真、蒙古和后金等政权都有明确使用十二生肖的记录，然而中原早在汉朝就已经使用十二生肖，要追寻十二生肖早期起源流传，突厥汗国还远远不够久远。

以来源不明的 laɣzïn 来看，这或许是古突厥人从另外一种北方草原上的语言借来的词汇，这个未知的北方民族可能比突厥人更早使用十二生肖。然而古突厥碑文已差不多是北方草原上最早的可解读文字。虽然 2017 年蒙古国慧苏图鲁盖石碑的破译证明，早在突厥字母出现前，7 世纪的北方草原上就已经有人用印度婆罗米字母书写一种类似蒙古语的语言，然而这些新破译的材料中并没有出现十二生肖，蒙古语里也并没有用 laɣzïn 指猪。北方民族使用十二生肖的更早证据尚待发掘。

十二生肖抓小偷

关于生肖起源的奥秘，可能还需要在汉语内部挖掘。

在睡虎地出土的秦朝简牍中有称作《日书》的卷牍，其中有一章叫作《盗者》，大体作用是预测某个地支日的小偷会和什么动物比较相似，以及会有什么样的体貌特征。这并不是一个很高明的预测方法，想要靠这个方法抓小偷怕是多半会空手而归，但是《盗者》是第一篇明确把地支和动物相配的文献。

不过有趣的是，虽然当时和十二地支相配的动物与今天的十二生肖大同小异，但是仍然不完全相同。在《盗者》中，并没有提到"辰"日盗窃的小偷会和什么动物相似，这个地支后来对应"龙"。而"巳"、"午"、"未"、"申"、"酉"、"戌"则分别对应"虫"、"鹿"、"马"、"环"（猿）、"水"、"老羊"。和后来通行的十二生肖相比，蛇变成了虫，蛇和马之间插入了鹿，马转而取代了羊的位置，猴被猿取代，鸡被水取代——这个"水"是通假字，但是究竟是什么动物尚不完全明确，一般认为是某种禽类。狗则成了老羊，也有人说老羊其实就是狗的别名。

1986年，甘肃天水放马滩的一座秦墓中也出土了《日书》，和原本地处荆楚之地的云梦县睡虎地秦简相比，天水版本《盗者》中的十二生肖和现代相比更加接近，只是龙变成了虫，而巳不是蛇，被鸡所取代，同时酉仍然是鸡。这有可能是传抄过程中出了讹误所致，不然两个地支对应一种动物难称是合理的占卜。

显然，在秦朝时，中国的十二生肖还处于起源阶段。当时的十二生肖在不同地域不但包括的动物略有不同，排序上也各具特色。相对而言，中国境外的生肖远远没有呈现过如此的多样性，这些生肖系统并没有参与生肖的起源发展，而是在中国的生肖整合成熟以后，再从中国引入的。

生肖系统流传非常广泛，除了北方草原上的各民族外，深受中国文化影响的日本、韩国、越南使用生肖自然毫不意外，只是越南生肖里面的兔被猫取代。藏族则把生肖和五行结合起来，组成了诸如"土蛇年""水猪年"这样的纪年，由于12和5的最小公倍数与12和10的最小公倍数一样都是 60，藏族的生肖五行纪年和干支纪年一样，也是每 60 年完成一个循环。

由于突厥人后来的西迁，生肖系统也跟着他们向西传遍了欧亚大草原。生肖的扩张并不仅仅限于西北方向，在东南亚的丛林中，生肖也逐渐从中国南传，相对北方民族多直接采用自己语言中的动物名称来引入生肖，东南亚的生肖传播则更加复杂。

东南亚的生肖

如果有人在 2020 年泼水节（4 月中旬）问泼水的曼谷市民刚刚过去的一年是什么年，新的一年又是什么年，大概会被告知刚刚过去的一年是 หมู（mu/ 猪）年，而在泼水和做功德之后，这一年累积的罪孽和厄运将会被洗净，迎接即将到来的 หนู（nu/ 鼠）年。

不过，如果请这位泰国人写下前后两年的正式名称，则他很有可能会写旧的一年是 กุน（kun）年，而新的一年是 ชวด（chuat）年——这才是泰语里猪年和鼠年的正式名称。

和北方的侗台语不同，位于整个侗台语系最南方的泰语在纪年时并不使用中国的地支，而是用另外一套体系作为正式纪年。颇为奇特的是，这十二个词也和地支一样，在泰语中本来并无意思，只是专门用来当作年份名称。很多泰国人甚至不知道这套名称的来源，误以为这是潮州话里的说法。

如果这位泰国朋友对泰国历史比较了解的话，会知道这一套泰式年表是来自柬埔寨的高棉语。历史上高棉帝国兴盛时对后来从中国迁入中南半岛的泰人祖先影响很大,泰语中有大量词汇从高棉语中借用。这种影响越靠南就越大,因此南方的泰语已经不用中国的地支而改用高棉的说法,而同样比较靠南的老挝语则两者并用,以高棉说法为主。

猪年和鼠年在古高棉文中分别为 កុរ(kur)和 ជូត(jūt),确实是泰语的直接来源。然而怪异的是,这两个词在高棉语中也并没有猪和老鼠的意思。高棉人和泰人一样,也只是强行记忆整套十二生肖纪年名称而已。

在古高棉文中,完整的十二个年份名分别是 ជូត(jūt)、ឆ្លូវ(chlūv)、ខាល(khāl)、ថោះ(thoh)、រោង(rong)、ម្សាញ់(msāñ)、មមី(mamī)、មមែ(mamae)、វក(vak)、រកា(rakā)、ច(ca)、កុរ(kur)。长期以来,虽然高棉人和借用这套词的泰人以及老挝人都知道这十二个年份对应的动物就是鼠、牛、虎、兔、龙、蛇、马、羊、猴、鸡、狗、猪,但是它的来源早已被遗忘。

意外的是,越南语的动物名称却和高棉十二个年份名有相似之处。

越南主体民族京族发源于越南北部的红河三角洲平原。红河三角洲北面是国力长期强于越南的前宗主国中国,东面是大海,西面则是长山山脉。越南的扩张只有一条可行路线,就是向南。

从 11 世纪到 18 世纪,越南经历了前后 700 年的南进运

干支/生肖	布央语	阿洪姆语	龟兹语	维吾尔语	古高棉语
子鼠	tsuɯə²⁴	teo	arśakärśa	chashqan	ជូត (jūt)
丑牛	pjau²⁴	plāo	okso	kala	ឆ្លូវ (chlūv)
寅虎	ŋi¹¹	ngi	mewiyo	yolwas	ខាល (khāl)
卯兔	mou²⁴	māo	paṣe	toshqan	ថោះ (thoh)
辰龙	ɕi¹¹	chi	nāk	bëliq	រោង (rong)
巳蛇	ɕau²⁴	ceu	auk	yilan	ម្សាញ់ (msañ)
午马	ha²⁴	chi-ngā	yakwe	at	មមី (mamī)
未羊	mut¹¹	mut	śaiyye	qoy	មមែ (mamae)
申猴	ɕɛn¹¹	cān	mokoṃśke	maymun	វក (vak)
酉鸡	ðou¹¹	rāo	kraṅko	toxu	រកា (rakā)
戌狗	pʰit⁵⁴	mit	kū	it	ច (ca)
亥猪	kuɯə¹¹	keu	suwo	tong'guz	កុរ (kur)

动。在南进运动最初的几百年里,越南的主要对手是位于今天越南中部的占城王国。在南进运动的最后两百年,越南人才开始进入本被称作"下柬埔寨",原属高棉的湄公河三角洲地区。

今天的越南人在正式场合仍使用十二地支。由于古代中国对越南的强大影响,几乎所有汉字在越南语中都被赋予了一定的读音,这被称作"汉越音"。古代的越南人在读汉书、作汉诗、写汉文时,就采用这样的一套读音。十二地支作为汉字自然也有越南读音,与之相配的十二生肖则基本和中原生肖相同,只是兔被猫替换。越南人平时说话也经常用十二生肖来代表年。

如果把被替换的猫恢复成兔，则十二生肖在越南语中的名称为 chuột、trâu、hổ、thỏ、rồng、rắn、ngựa、dê、khỉ、gà、chó、lợn，和高棉年名相比，颇有相似之处。假使追溯回古代的越南语，则相似之处还会更多一些。

1619 年 4 月 4 日，法国传教士亚历山德罗从葡萄牙里斯本出发，目的地是日本。他从小立志要为传教奉献一生，此时的他是一个 28 岁的年轻人，年富力强，对在遥远的东方传播福音充满渴望。

以 17 世纪的运输条件，这注定会是一段漫长艰辛而充满意外的旅程。10 月 9 日，亚历山德罗抵达葡萄牙人在印度的殖民地果阿。在这里，他收到了一个坏消息，日本德川幕府在数年前下令驱逐在日本的传教士。由于这个意外情况，亚历山德罗在果阿被迫滞留了两年半。

此时亚历山德罗强大的语言天赋已经开始展现。亚历山德罗在葡萄牙等待船只出发时已经学会了葡萄牙语，在果阿的两年半又学会了当地的孔卡尼语。然而亚历山德罗内心仍然非常焦虑，他迫切想继续向东航行，完成这次长途旅程的本来目的——传教。

1622 年 4 月 12 日，亚历山德罗登上了一艘前往马六甲的葡萄牙船。7 月，他抵达了马六甲，随后在马六甲停留 9 个月。1623 年 5 月，他抵达澳门，开始学习日语。不幸的是，德川幕府对基督徒的迫害加剧，亚历山德罗去日本传教的美梦化为泡影。在澳门和广州间徘徊了一年半后，亚历山德罗终于有了新的目标——越南。

亚历山德罗的霉运似乎终结了，顺利抵达越南后的六年中，他都在越南传教。从传教成果来看，亚历山德罗应该是位高效的传教士。他自称以一己之力让超过 6000 名越南人皈依天主教。这可能是略有自夸成分，但无论如何，他的传教活动影响大到让当时统治越南北方的郑主在 1630 年将他驱逐出境。

随后亚历山德罗在澳门停留了十年，然后再次前往越南中部顺化附近传教，六年后又被统治中部地区的阮主流放。亚历山德罗晚年又被派往波斯传教，最终于今天伊朗的伊斯法罕去世。

我们暂且不论亚历山德罗到底是不是一个成功的传教士，但毋庸置疑，他的另一项工作使他成为了越南历史上影响最大的西方人。

在亚历山德罗于越南传教之前，越南人一直用汉字和仿造汉字创造的喃字来书写越南语。作为传教士，亚历山德罗必须要学会当地语言，这对于天赋出众的他并不是大问题。然而要在 30 多岁的年纪从头学习汉字书写，仍需要投入大量的时间和精力，对于主要目标是传教的亚历山德罗来说，显然并不合适。同时，作为越南早期传教士，亚历山德罗还得想办法给后继者留下比较方便的越南语学习资料。

不出意外，亚历山德罗选择了用自己熟悉的拉丁字母拼写越南语。1651 年于罗马刊行的《越南语–拉丁语–葡萄牙语辞典》是历史上首次有人系统地用拉丁字母记录越南语，今天越南语书写采用的拉丁字母拼写即是亚历山德罗创造的拼写系统稍作修改的结果。这套拉丁字母在20世纪取得了越南官方文字的地位，替代了之前的汉字和喃字。

亚历山德罗记录的是17世纪前半叶的越南语，在动物名中差别比较大的是牛，这种动物在当时的越南语中是tlâu，还没有变成后来的trâu（越南文tr读类似汉语拼音zh的卷舌音），和对应的高棉年份名chlūv更加接近。

今天越南的虎（hổ）和古汉语的读音很相近，显然是从汉语中借用的，也和对应的高棉语年份名khāl完全对不上号，但是在越南中北部地区的乂安、河静地区的方言中，"虎"是khái。"猪"在越南语中则有一个古词cúi，和对应的高棉语年份名kur接近。

然而无论是17世纪越南语中的生肖，还是现代比较存古的越南方言，"蛇""猴"等生肖动物的说法还是和高棉语存在明显的区别，幸运的是，我们今天仍然可以在越南西北部的山区找到一些蛛丝马迹。

越南西北部的山区生活着芒族。芒族和越南的主体民族京族本来同根同源，红河三角洲的京族人受到北方中国的文化渗透，语言受汉语影响尤为剧烈，居住在山区的芒族则由于交通不便，没有参与复杂的国家机器建构，中原文化的影响要轻得多。长期相对隔绝和外来文化影响程度的差异让京族和芒族逐渐分化成两个民族，越南语和芒语也成为两种不同的语言。

在芒语中,牛是 /klu:³³/,虎是 /kha:l³²⁴/,蛇是 /thaŋ³²⁴/,猴是 /vɔ:k³⁴²/,鸡是 /ka:³³/。相对越南语,芒语的读音在很多方面更加接近越芒分化时京族人和芒族人的共同祖先说的语言,芒语中的动物名也更加接近高棉人的年份名称。

虽然就现有的史料看,高棉人和越南人频繁接触的时代并不是很早,但是高棉语中存在着古时从越南语的祖先那里借用的生肖,这两支人群的早期接触可能比之前认为的更加密切。

越南北部早在秦朝就成为以广州为都城的南越国的一部分。西汉灭南越后更是以南越国原有领土设置交阯刺史部,后称"交州"。直到孙权时代拆分交州,合浦以北成为广州,合浦以南仍为交州。

同属东亚文化圈的日本、朝鲜、越南在历史上都向汉语借用了大量词汇,然而古代日本和朝鲜除了少数贵族和知识分子,大部分民众并未接触汉语。汉语词汇在日本和朝鲜的传播高度依赖汉字典籍,当日本和朝鲜的精英阶层阅读汉字典籍时,其中当时日语和朝鲜语中尚不存在的种种涉及政治、军事、科技、文化的高级汉语词汇就大量输入了日语和朝鲜语。

和日本、朝鲜一样,越南也有悠久的汉文传统,不过与日语和朝鲜语不同的是,越南语不仅仅是在涉及科技、文化等方面的高级词汇上借用汉语,大量最基础的日常生活词汇也从汉语借用，越南语诸如"头"（đầu）、"心"（tim）、"冷"（lệnh）、"婆"（bà）、"在"（tại）这样的基本概念都采用了汉语借词。

这和交州的历史密切相关。从汉朝到隋唐的千年时间内，交州一直属于中国管辖，一切制度都遵循内地。至今在很多壮侗语中，仍然称呼越南人为 ccɔɔ（kèo，此处以老挝文举例），即是称呼越南人为"交人"。

由于交州长期被视为内地郡县，大量说汉语的人口移入交州，在交州城市中一度形成过母语就是汉语的人群。此时，中原的生肖也传入交州，一开始可能仅仅在说汉语的部分城市居民中使用。之后这套生肖系统被翻译成了当地语言，并向南传到了高棉，被高棉人所使用，最终又进入泰国、老挝。而在交州地区，本地居民却愈来愈深地受到城市里的汉语影响，逐渐采用了更加中原化的十二地支，同时在红河三角洲，部分动物，如"虎"的名称也从本地说法改为汉语说法，加之语言演变，越南生肖和高棉语中的年份名距离逐渐拉大，但是在平原周围的山地居民则因受到城里的汉语的影响小得多，从而在更大程度上保留了原来的说法。

中国人的伴侣动物

中国最重要的牲畜
汉语的"猪"从何而来？
彘之路
"鸡"的南方起源
雏鸣湘西
东亚共通的"鹅"

自古中国人形容"生活富足"的套话都是"五谷丰登，六畜兴旺"。所谓"六畜"，指中国常见的六种家养动物，分别是牛、马、羊、猪、鸡、狗。它们或者是重要的食物来源，或者是耕田的劳力提供者，或者是运输工具，或者是看家护院以及狩猎的助手。

这六种动物之所以荣登六畜之列，是因为这是对中国人来说最重要的家养动物。农业的出现与随之而来的人口增长使得越来越多的土地被开垦为农地。激增的人口和栖息地的消失使得单纯狩猎野生动物渐渐无法满足人类社会的需求，驯化野生动物成为顺理成章的选择。

中国最重要的牲畜

在正常年份的任何时候，中国各地的猪栏内都至少存有3亿头猪。中国的猪肉产量远远超过全球其他任何国家，常年占据全球一半左右。在多数中国人的饮食结构中，猪也是最主要的肉食来源。

和其他家养动物不同，提供肉食几乎是传统上驯养猪的唯一目的。同样作为主要的肉类提供者，牛可以耕田、产奶，羊可以剪羊毛，鸡可以下蛋，驯养马和狗的主要目的并非为了产肉。但是猪的存在，就是为了提供猪肉。

今天，猪在中国人的话语里算不得很受宠的动物，往往是贪婪、愚笨、懒惰的象征，甚至经常被用作骂人的詈语。但实际上这是一个巨大的误会，猪是一种聪明而又有很强生存能力的动物。野猪是亚欧大陆分布最广、数量最多的大型野生动物之一。就算是看似愚笨的家猪，如果逃出牢笼进入野外环境，也经常会在短时间内完全适应，并且顺利生存繁衍，开疆拓土。今天的澳洲大陆和美洲大陆都有为数众多的野化家猪在野外游荡。

野猪是一种非常成功的动物，它在几百万年前出现在东南亚岛屿上，随后登上亚欧大陆。在之后的几百万年间，野猪几乎扩散到了整个亚欧大陆。只有北欧、西伯利亚、青藏高原等地由于气候过于干旱或寒冷导致野猪无法生存。

现今的家猪都是近万年来人类驯化野猪的产物。不得不说，最开始驯化野猪的人必然有惊人的胆识。野猪体型巨大，冲刺速度很快，攻击性强，有经验的猎人面对野猪时都需要小心谨慎。厚且坚硬的皮肤足够让野猪应付一般的攻击。雄性野猪的一对锋利獠牙更是绝佳的近战武器，看起来实在不像是能轻易驯化的样子。

长着四条腿、生命力极其顽强的野猪早在现代智人出现前就已经散播到了亚欧大陆各处。几乎可以肯定，对于远古的智人来说，不管他们在哪里生活，总会有野猪在他们周围出现。时至今日，在中国的农村地区，突然出现一头破坏庄稼的野猪，需要全村人围捕的事情仍然时不时能够登上地方新闻。

正因为野猪的分布极其广泛，捕猎野猪虽然存在一定的危险性，但是野猪一直是人类发展农业之前重要的狩猎动物。大约1万年前，某群猎人在猎杀了一头雌性野猪后，意外发现了它前不久刚刚产下的一窝猪崽。不知出于什么原因，猎人群体的一员建议他们不要着急把小猪崽直接宰了放在篝火上烤成香喷喷的烤乳猪，而应该带回部落，把它们喂大喂肥后再吃。

相对其他动物，杂食的猪对吃什么并不讲究。猪甚至可以以人类用餐以后剩下的残渣为食。作为肉用牲畜，猪能够把各种各样人类难以消化的物质作为自己的营养来源，转化成为人类乐于进食的肉类。

和水稻、小麦等农作物不同，野猪在欧亚大陆分布极广，而且驯化过程相对简单容易，技术瓶颈较易突破。因此家猪并非像几种主要粮食作物那样在单一地点起源后传播到其他地方，而是在多个地点独立地由野猪驯化而来。

中国最早的一批家猪出现于河南舞阳贾湖遗址、河北徐水南庄头遗址、广西桂林甑皮岩遗址等多个地方。由于人类一直猎取野猪为食，家猪和野猪的遗骨并不容易分别。然而贾湖遗址的猪骨下齿槽变小，而且大量猪骨属于2岁以下的猪，且猪骨数量巨大，说明很多猪在长完肉后就被屠宰吃掉,因此属于人工饲喂的家猪。

这些家猪距今已经9000~10000多年,此后不久,东北、黄河上游和青藏高原都先后出现了家猪。对中国古代家猪的线粒体DNA检测证明今天中国的猪至少在母系上很大程度上仍然是古代华夏大地上这些家猪的后代。

不过猪这种动物虽然久已存在,然而"猪"字却是较晚出现的。

在甲骨文中,最常见的表示"猪"的字是"豕"。这是个象形字,就是猪形。

甲骨文豕

豕在今天几乎所有方言口语中都不存在,甚至不少人未必认得这个字。然而"家"是人人都认识的。对于很多人来说,"家"是个会意字,古代的华夏人对家的概念就是"屋顶下有猪"。今天中国南方壮族、傣族地区常见一种干栏式建筑,这种竹木搭成的小楼一般有两层,上层住人,敞开的下层则用来养猪。汉朝的中国人经常会用陶土烧制一些陶猪圈。一般来说猪圈上会有个厕所，人的便溺流到底层的猪圈即可喂猪。

不过，"家"更有可能是个形声字。商代的甲骨文中，"家"的下半部分经常写成一只有生殖器的雄猪，即后来的"豭"。

除"豕"之外，另一个表示"猪"的"彘"在甲骨文中也已经出现，字形是猪的腹部有一支"矢"。这个"矢"是声旁。在甲骨文中，"彘"除了人名、地名之类的专名外主要用于祭祀相关场合。

耐人寻味的是，甲骨文中并没有出现"猪"字。汉语"猪"字最早出现在战国时期，或许这也不算特别意外，因为就算是"豕"，也属于一个奇怪的词。

几乎所有的汉藏语人群或多或少都会驯养猪。而在除了汉语以外的语言中，"猪"的用词相当统一。在藏文中，猪是ཕག（phag），而在缅文中，猪是ဝက်（wak）。从大凉山上的彝语ꅂ/vo⁵⁵/，到尼泊尔加德满都谷地的本地居民——尼瓦尔人的फा（pha）都和藏缅同源。滇西德宏州的阿昌族把猪称为/oʔ⁵⁵/，滇南红河州的哈尼族则以/ɣa³¹/称之。丽江古城里的纳西人叫它/bu³¹/，喜马拉雅山南麓的米佐人称猪为vok，川西大山里的嘉绒语茶堡话则叫/paʁ/。

总而言之，从四川西部到尼泊尔、北印度和缅甸的几百万平方公里土地上，人口接近一亿的汉藏语居民竟以同样的词根称呼"猪"。"猪"的词根分布之广及其统一性都令人啧啧称奇。这是一种在上古时代就为汉藏人的祖先所熟知的动物，当时汉藏语人群的祖先已经给它命名并驯养。作为极端重要的牲畜，几乎所有的汉藏语都保留了这个词根，并以祖先的方式称呼这种已经陪伴了人类几千年的动物。

除了汉语之外。

汉语的"猪"从何而来？

汉语最常见的几个表示"猪"的字——"豕""彘""猪"都和这个词根无关，而汉语涉及猪的几个词在其他汉藏语中同样很难找到同源词。至今"豕"比较确定的同源词大概只能在藏南珞巴族的语言中找到。

珞巴族主要分布在藏南林芝东起察隅、西到达旺的喜马拉雅山南麓山地地区，这片区域传统上藏语称为ཀློ་ཡུལ（klo yul/ 珞隅），即"蛮族区域"的意思。珞隅地区和西藏主体部分以喜马拉雅山相隔，地形起伏极大，从北向南海拔剧降，交通极为艰险。位于珞隅地区的墨脱县是中国最后一个通公路的县。历史上，珞隅地区的居民以勇悍无畏出名，勇士甚多。不要说内地，就连青藏高原上的藏族人都对珞隅地区的居民缺乏了解，历史上长期视其为蛮族。

虽然处于地理上的绝境，但是实际上珞隅地区是重要的迁徙通道。在这里，本来在高原上东流的雅鲁藏布江以令人惊异的角度折向南方，冲破了喜马拉雅山的重重阻隔，形成了雅鲁藏布江大峡谷后流入南亚次大陆。珞巴族由数支部落组成，这些部落的口头传说都追溯自己的祖地为西藏南部的高原地区。历史上，诸珞巴部落从高原沿着峡谷一路南下，进入了今天的珞隅地区。

珞巴族诸部落的语言有较近的亲缘关系，但也不尽相同。博嘎尔语"猪"为 /ə jək/，崩尼语则为 /ə rjɯk/。

今天的普通话里"豕"读 shi，看上去和珞巴族语言中的"猪"相差巨大，然而在东周时期的古文字中"地"却曾经用"豕"当作声旁。"地""豕"的声母在上古时代曾经比较接近，最有可能的情况是两者都是某种近似 l 的读音。现代普通话的 sh 来自上古 l 的例子还有一些，如以"矢"做声旁的字还包括了"跌""迭"，凑巧的是，珞巴语中的"弓"就是汉语"矢"的同源词，在博嘎尔语中"弓"是 /i:/，而在崩尼语中则是 /ə rji/，与"豕"几乎平行。

假如"豕"在汉语和珞巴语中确实同源的话，位于东亚大陆中东部的汉语和喜马拉雅山南麓的珞巴语中间隔着千山万水，不可能是上古以后的借贷，"豕"的历史也可追溯到汉藏语祖先的时代。不过相比藏语缅语的 phag/wak，显然"豕"在现代汉藏语中并没有继承得很好。

如果努力寻找汉语中与汉藏语主流的 phag/wak 相关的词汇，倒也不见得会全无所获。作为一种典籍浩如烟海的语言，许多汉语词汇在口语中早已销声匿迹，但却以汉字的形式保留。在众多可能的汉字当中，意思最密切的大概是"豝"。

"豝"在今天任何一种汉语方言口语中都不存在，这是一个主要存在于上古典籍里的字。它是一个形声字，形旁是豕，声旁是巴。哪怕在上古时代，这个字也难称得上常用。早在东汉时，中国最早的字典《说文解字》的作者许慎对于"豝"的含义和词源就已经有些犹豫不决。他既把"豝"解释为母猪，又提到也有说法说"豝"是一岁的猪，因为一岁的猪已经可以把挈（牵引）。而"豝"最出名的例子大概是在《诗经》中的《驺虞》一诗。其中描述上古田猎的场景"彼茁者葭，壹发五豝"——在茂密的初发芦苇中藏匿着豝，猎人仅仅一箭就射中了五头。这里的"豝"应该是母猪。

然而"豝"的上古音和其他汉藏语"猪"的形式对应并不算很严密，汉语中还有另外一个可能的同源词"富"。

财富是一种抽象概念，在不同的时代，衡量一个人是否拥有财富会有不同的标准。在 21 世纪，财富可能主要体现在房产、股市、债券、现金甚至虚拟货币上，而在明清时期，财富或许体现在拥有的金银上。在更古老的时代，或许一块巨大的玉石或是一大块肉也能成为财富的标志。

在上古时代，财富和其拥有的某种动物挂钩相当常见。英语中表示和钱相关的形容词 pecuniary 的词根来自拉丁语 pecū，即"牛"的意思。同样，英语中表示"花费"的 fee 本义也是"牛"。对于古代欧洲人来说，牛是最重要的牲畜，拥有大量的牛就是拥有大量的财富。

那么，极重视猪的古代华夏人会不会也用"猪"作为财富的象征呢？

上古汉语"富"读 *pək-s（白—平—沙加尔体系）/*pɯgs（郑张尚芳体系），在多数情况下，汉语的 ə/ɯ 在其他汉藏语中和 a 合并。至少从语音和词义上说，认为汉语的"富"和其他汉藏语的"猪"有关联在理论上是可能的。或许在原始汉藏人的语言里，"富"是用来表示财富意义上的猪，"豕"则是用来表示猪这种动物本身，在上古汉语中，这两个意思仍然维持分别，而在其他大部分汉藏语中，前者取代了后者。

然而上古以后，"豕"就逐渐退出了汉语口语，取而代之的则是"彘"和"猪"。

西汉扬雄所著的中国最早系统收集方言说法的书籍《方言》中提到："猪，北燕朝鲜之间谓之豭；关东西或谓之彘，或谓之豕；南楚谓之豨；其子或谓之豚，或谓之貕；吴扬之间谓之猪子。"也就是说，在关中和中原一带，"猪"的常用名称就是"彘"或"豕"。

至少在相当长的时间内，"彘"是作为标准名词出现的，"猪"却上不了台面。

在湖南西部龙山县里耶镇的一口古井中，出土了大量的秦简。这批秦简中有一部分是秦朝小吏提醒自己撰写文书时需要注意的要点。战国后期中国各地文字各异，方言差别极大，秦始皇统一中国后对统一文字非常重视，而在统一文字的同时，秦朝也试图统一方言词汇。

里耶位于原来的楚地，楚国无论是文字还是语言都与秦国都有较大的差别。被秦统一后，战战兢兢的原楚国小吏不得不想方设法避免不慎用上楚语的说法而招致祸端。因此，在秦朝的里耶，有这么一位小吏，为了提醒自己秦楚语言的不同，在竹简上写下了一系列需要更改的说法。

即便是在文字已经统一2000多年后的今天，中国各地人在书写时仍然会在用词上一定程度暴露自己的原籍。不同地方的中国人形容某个动作时候可能会用"摆""放""安""搁"等不同动词，而在提到某种美洲传来的农作物时也会有"白芍""山芋""地瓜"等不同名称。2000多年前的秦朝，文字统一也不可能铺到所有词头上，根据这位秦吏的记录，大部分需要统一的词汇是涉及皇帝、官制等较为官方的词汇，如"彻侯"要写成"列侯"，"王游"要写成"皇帝游"，"边塞"要写成"故塞"。对于小吏来说，要记住这些涉及新的官制的写法也算合理。但是在这批新写法中，有一个尤其奇怪："毋敢曰猪，曰彘"。

显然，2000多年前奋笔疾书的小吏不得不提醒自己，千万不要写"猪"，要写"彘"。在一堆涉及皇帝、军事、行政的词汇中，"猪"和"彘"显得尤为特别。

秦人为何如此讨厌"猪"这个字不得而知。他们强行让其他地区的人写关中方言中使用的"彘"，从秦朝到西汉早期，中国人几乎是有意识地在书面语中避免使用"猪"，秦地出土的书简更是几乎只有"彘"。

但在口语中，显然"猪"仍然在继续攻城掠地。到了扬雄的时代，尽管在秦朝受到了追剿，"猪"仍然成功获得了通语的地位。当今中国大部分方言中"猪"几乎都说"猪"。《方言》中记录的其他说法已经基本消亡，我们只能在一些零星的地区找到它们的痕迹。

在现今的两湖地区，已经找不到《方言》中南楚的"豨"，但是"豨"却传到了福建地区。

福建北部的武夷山区有中国最有特色的方言之一——闽北方言。福建由于历史上交通不便、地形多山，当战乱肆虐北方、江南时，福建往往可以幸免于难。由于人口稳定和对外的相对隔离，福建全省的方言对外人来说几乎都是佶屈聱牙，如闻天书。而在这些方言之中，又以闽北地区最为纷杂。

闽北是福建山区最多的地方，闽东、闽南地区虽然多山，但多少有河流下游和滨海的平原地带。福建的大城市多集中在闽东和闽南地区，如福州、厦门、泉州等。这些大城市的语言对周边地带有较强的影响和稳定作用，让周围的方言有一定趋同的向心力。

相较而言，闽北不但多山少平地，也缺乏作为语言中心的大城市，因此闽北地区语言多样性极高，在一些地方，山外久已不用的说法仍然保留。

称"猪"为"豨"的地区主要分布在建阳、建瓯、政和、松溪、武夷山等县市。在这片区域里，猪称作 /khy/（建瓯话为例），"豨"在中古汉语里面是 h 声母；而在闽北方言中，中古汉语的 h 有些字读 kh，例如同样 h 声母的"虎"在建瓯话读作 /khu/，这个读音就是"豨"字。临近的闽中地区永安和沙县也用"豨"。

历史上"豨"的使用范围在福建还要更大一些。曾经把"猪"说"豨"的地区能一直向南延伸到三明市南部的大田县，已经颇为接近厦门、漳州、泉州一带的闽南地区，然而这个历史上广布南方的"豨"今日已经退缩到了福建西北部的山区。

不过"豨"好歹还存在于几百万人的口语中。相对来说，一度被官方强力推行的"彘"则萎缩得更加剧烈。

彘之路

今天没有任何一种常规的汉语方言口语中还用到"彘"，但是"彘"却在滇西大理的白语中幸存。

以大理为中心的洱海地区是白族的传统聚居地。和汉藏语系的其他语言相比，大理地区的白语和汉语的关系尤为密切。早在唐朝，《蛮书》就提到"言语者，白蛮最正"。从唐朝至今，大理地区一直文化兴盛，对汉语的掌握程度也在边疆地区里堪称首屈一指。白语则长期维持洱海地区通行语的地位。

今天洱海周围的白语一般互相差别比较小，"猪"在大理读 /te^{42}/，洱海盆地各县的平坝地区的白语都接近这个读音。然而在大理向西北的兰坪、维西的澜沧江流域的高山间还有一支和大理白族迥异的白族人群，他们一般被称为"拉玛人"。拉玛人的祖先什么时候迁入澜沧江流域的峡谷内已经不得而知。根据拉玛人自己的传说，至少有部分拉玛人的祖先来自大理、丽江等地，甚至也有传说自己的祖先来自内地南京的。语言上，相对洱海盆地的白语，拉玛人说的"白语"往往更加保守，他们把猪称作 /dɛ⁴²/。

在中古汉语中，"彘"读 *ḍiɛi 去声，和白语的 /dɛ⁴²/ 相应。根据西汉时期的《方言》记载，当时关中和中原口语中就说"彘"。遗憾的是，我们对西汉时期洱海盆地的语言状况知之甚少。"彘"到底如何从关中、中原向西南传播也就迷雾重重了。

今天从中原到大理一路，一路所经的汉语方言都是说"猪"，然而草蛇灰线、伏脉千里，在这中原到滇西的千里之路上，"彘"所遗留的痕迹虽然已经不多，但仔细查找，却也并非全然消失。

贵州大方县、黔西县和普定县等地有一支被称作"龙家人"的人群，部分龙家人认为祖先是明初从南京迁来。今天绝大多数龙家人都说贵州话，贵州话和四川话比较接近，都属于明朝移民迁入后形成的西南官话的一支。然而在不久之前，龙家人却保有着一种自己的语言。

最后一位会说龙家话的老人于 2012 年左右去世，当时已近百岁高龄。20 世纪早期的连年战乱和大量的人口流动给中国的很多小语言以致命打击，龙家话也不例外。在 20 世纪

60～70年代，龙家话已经处于灭绝边缘。近年对贵州西部龙家人村落的考察中已经找不到能说龙家话的老人。

比起悄无声息就湮没于历史长河的小语言来说，龙家语尚属比较幸运，在龙家话灭绝前，尚且留下了一些资料，让我们能粗浅地了解这种已经消失的语言。

今天龙家人被算作白族，然而龙家人的语言和白语的任何方言都差别很大。与龙家话接近的另外两种语言也分布在贵州西部，分别是也已灭绝的卢人话和尚有一些人说的蔡家话。

与龙家人一样，卢人和蔡家人也世代居住于贵州西部的山区。卢人和龙家人一样主要居住在贵州大方、黔西、金沙县等西部县的部分山区村落中，一部分卢人认为自己祖籍东北，在清初入关驻扎贵州，现今被归于满族。相对来说，这三支人群中蔡家人人口稍多，分布也更广一些，他们居住于四川东南、贵州西北、云南东北的三省交界区域的许多山村中。根据所居住县份的不同，蔡家人被划入白族或者仡佬族。

和龙家人与卢人一样，大多数蔡家人也已经转说贵州话，然而蔡家话尚未完全灭绝。现今，大约有1000名会说蔡家话的人分散在威宁县和赫章县的数个村庄中。但会说蔡家话的以老人为主，蔡家话的未来也难称乐观。

虽然龙家人、蔡家人和卢人分别划入白族、仡佬族、满族，但是三者的语言却比较接近。在龙家话、卢人话、蔡

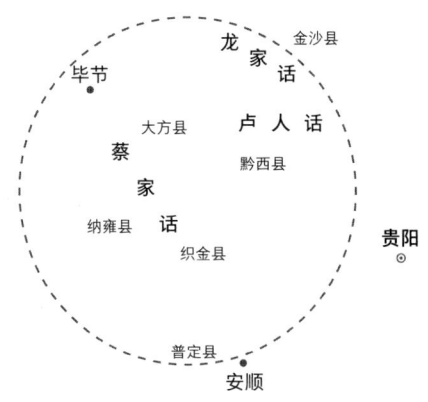

龙家话、卢人话、蔡家话分布示意图

家话中,"猪"分别是 /lɛ55/、/li21/ 和 /li31/,这三种语言的"猪"极为相近,而在满语和仡佬语中,"猪"分别是 ulgiyan 和 mpa(贵州安顺西秀区湾子寨),显然和龙家话、卢人话、蔡家话的"猪"毫无关系。

相对而言,白语的"彘"和这三种语言的"猪"在形式上更为接近。主要区别在于黔西的三种语言中猪的声母是 l,而在白语中则是 d。

"彘"以"矢"为声旁。在久远的造字时代,"矢"的声母曾经和 l 密切相关,除了珞巴语之外,缅甸语"弓"为ၷ:(le:),也以 l 为声母。在"彘"的读音转为中古汉语的 *diɛi 之前,这个字读 *lrat-s(白一平—沙加尔体系)/*leds(郑张尚芳体系)。当中国其他的方言,甚至白语中的同源词都发生了从 l 到 d 的变化时,黔西的龙家话、卢人话和蔡家话仍然保持了上古时期的 l。

种种古老的特征说明龙家人、卢人、蔡家人的语言不可能是明朝初年从南京或者清朝初年从东北带入的，甚至也不大可能是在唐宋时从兴盛一时的南诏国和大理国派驻来的白族移民。

可以确定的是，黔西的三种语言和云南的白语一样，在当地的历史都远远久于今天的贵州话和云南话。无论这些语言是某种古代汉语的分蘖还是在古代深度接触过当时的汉语，这种语言都可以直接追溯到中古以前。

战国后期，楚将庄蹻曾经一路从洞庭湖穿过贵州，最终抵达今天的云南昆明。但此后，楚国的巫郡和黔中郡被秦国攻取，在云南的庄蹻和楚国本土联系中断，于是自行在云南称滇王，这就是《史记》中著名的"庄蹻入滇"。然而庄蹻入滇一事真伪难辨，光是何时入滇就有楚威王和楚顷襄王两个相隔几十年的说法。而远在庄蹻入滇之前，滇池附近就已有发达的青铜文明，因此庄蹻入滇的真相仍然扑朔迷离。

无论庄蹻入滇是否是白语、龙家话、卢人话、蔡家话"彘"的源头，可以确定的是，在战国晚期到西汉早期，一些说汉语的居民已经开始从中原地区迁徙到贵州，并进一步进入云南。他们把"猪"称作"彘"。而后的 2000 多年时光内，他们一度兴盛的语言渐渐收缩、碎片化，除了洱海附近仍有大片的白语外，在其他区域，这些上古移民带来的语言逐渐缩小成一个个孤岛。这些居民后来又和进入云贵高原的新移民接触融合，最后他们绝大部人改说了新移民的语言。

幸运的是，在贵州西部的少数山村里，长久的封闭使得龙家话、卢人话、蔡家话都撑到了被记录的那一刻。这些山村居民是否是跟随庄蹻西征的楚军将士的后代并不重要。重要的是，我们能够有机会从他们代代传承的语言中一窥上古华夏的真容。

"鸡"的南方起源

当你穿着夹趾拖鞋，在泰国的大街小巷徜徉许久，饥肠辘辘想要吃点东西垫饥时，如果恰好不在旅游区，没有英文或者中文菜单，不知能吃些什么，不妨跟店家说想要吃ข้าวมันไก่（khao man kai）。泰国各地饮食习惯各异，南方的海鲜运到北方未必新鲜，东北人爱在青木瓜沙拉里舂只生河蟹，中部人觉得过于刺激——但是 khao man kai 却基本上无论何地都会有，是口味中正平和的"安全"选择。

Khao man kai 翻译成中文就是"鸡油饭"，khao 是饭，man 是油，kai 就是鸡了。

事实上，假如你很喜欢 khao man kai，而对当地各色各样的奇葩食物不太感冒，那么你几乎可以靠吃鸡油饭走遍东南亚。鸡油饭在越南、马来西亚、新加坡、印度尼西亚都随处可见，在新加坡甚至可以称得上是国菜。这道菜在越南语中叫 cơm gà Hải Nam，在马来/印尼语中叫 nasi ayam hainan。

这里的 Hải Nam/ hainan 不用猜也知道是中国的海南。鸡油饭的做法本来源自海南，在东南亚各地的琼侨又进行了一定的改良，形成了各具特色的"海南鸡饭"。

如果去海南岛的村庄看一看，就会明白海南人为何会想出鸡油饭的点子。海南本地饲养的土鸡虽然个头娇小，但是却体态丰腴。当然，海南岛的本地居民是不会特意把鸡饭叫"海南"鸡饭的，在海南，鸡饭就叫 /kɔi²³ mue²¹/，也就是海南话的"鸡糜"。

海南话的 /kɔi²³/ 和泰语的 kai 略有相似之处，广东话的鸡 /kei⁵³/（即粤拼 gai）则和泰语更加相近。事实上，其他汉语的鸡，无论是普通话的 ji/tɕi⁵⁵，还是厦门话的 /kue⁵⁵/，梅县话的 /kiɛ⁴⁴/，亦或是湖南沅陵乡话的 /ka⁵⁵/，甚至大理白语的 /ke³⁵/ 和蔡家话的 /kei³³/，都只是"鸡"的不同读音而已。

家鸡的祖先是红原鸡。和野猪遍布世界各地不同，红原鸡是一种对生活条件比较挑剔的鸟类。它主要生活在东南亚的丛林中，并不适应过于寒冷的气候。在中国，野生红原鸡只有广西、云南和海南才有。

和走起路来都有些蹒跚的肥硕家鸡不同，红原鸡个头纤细而结实，飞行能力远强于家鸡。在丛林中危险的夜晚，红原鸡会飞上树过夜，以躲避地面上的掠食者。雄性红原鸡拥有比今天的家鸡更加鲜艳的毛色，而雌性红原鸡的体色则主要是棕色，两性差别比家鸡要大得多。

红原鸡的种种特性使其不适合在较为干旱寒冷的北方生

存，因此中原地区并不具备驯化红原鸡的条件。远古时代中原的华夏先民更加熟悉的应该是更适应中国北方气候的雉。家鸡出现在中原确凿无疑的证据得要等到大约3300年前的殷墟遗址那个年代。由于鸡骨远远比猪骨、牛骨等脆弱，不易保存，所以家鸡到底是何时进入中原的还存在诸多未解之谜。

不管家鸡早期的传播路径究竟为何，它进入东亚大陆北部的时间都大概率晚于原始汉藏语分化的时间。今天汉藏语当中并不存在较为统一的"鸡"。藏文中的"鸡"甚至还未从"鸟"中分化出来，"鸡""鸟"皆为 ʒ（bya）。

现今东亚大陆上的"鸡"并不是纯按照语言系属的亲疏分布，地理因素在很大程度上左右了一个区域的"鸡"的说法。

分布最广的毫无疑问是汉语的"鸡"。所有汉语方言几无例外都把这种家禽叫作"鸡"。而在汉语之外，壮侗语也使用相同的词根。哪怕是海南岛的黎语，也把鸡称作 /kʰai³³/。

然而人们并不满足于只把这种动物笼统称作"鸡"。虽然鸡的驯化历史远远不如猪长，但是它在饮食界的地位不遑多让。相对猪来说，不同年龄、性别的鸡肉质差异较大，如重庆烧鸡公一定要用大公鸡，而近乎全国人民都爱喝的鸡汤则需要用老母鸡。

中国人当中，要说最钟爱食鸡的当属广东人。粤人对鸡尤其挑剔，不同的烹鸡方法适合不同的鸡，如果要做好鲜嫩的白切鸡,则最好用未下过蛋的小母鸡,或者用广东话说——鸡项(gai hong)。正常情况下,"项"的意思是脖子,一只母鸡下蛋与否和它的脖子恐怕是没有太大关系的。更离奇的是,类似的说法并不仅仅限于广东。湖南长沙把未下过蛋的母鸡叫"鸡巷子",显然跟母鸡是否下过蛋更扯不上关系了。

在贵州南部和广西北部的交界地带生活着40多万水族人。中古以来,贵州的人口分布变化极大,曾经兴盛一时的羊黄人、龙家人、蔡家人都渐渐被其他民族同化,苗族则大量从湘西黔东的武陵山区沿山向西南迁徙。水族固守桂北黔南一带,并未参与大规模迁徙,以水田农业为主,在山地则开垦梯田。

水族的语言也是壮侗语的一支,和侗语尤其接近。在水语中,鸡是 /qaːi³⁵/,和泰语、黎语、汉语的"鸡"都是一个发音。

不过水语里关于鸡的词汇不止这一个,除了 /qaːi³⁵/ 以外,水语还有个专门用来指年轻母鸡的词 /ɴɢaːŋ³⁵/。和水语类似,小母鸡在许多壮侗语言中都使用一个单独的说法,在广西武鸣的壮语中,小母鸡是 /haːŋ³³/。

汉语和壮侗语的语法有个比较明显的区别,汉语喜欢把修饰的成分放在中心词的前面,壮侗语则反其道而行之,把修饰成分放在中心词后面。譬如"红花"在壮侗语中就得说"花红",同样的,汉语的"母鸡"在壮侗语中得说"鸡母"。

粤语的"鸡项"中,显然"鸡"是中心。今天的广东人并不清楚"项"到底是什么意思,只不过"项"的读音和这个词相近,选择了这个汉字来记录而已。长沙人就选择了"巷"字。

广州话和长沙话属于汉语方言,绝大部分情况下语序和其他汉语方言没有大差别,也是说"红花"而不是"花红"的。然而在一些涉及动物的词上,广州话和长沙话中却保留了历史上两座城市附近分布的壮侗语的痕迹。

事实上"鸡"的分布远远不限于从中国最北的漠河到泰国最南的也拉府之间几乎所有的汉语和壮侗语当中,广泛分布在湖南、贵州、广西、云南、泰国、越南、老挝的苗语和瑶语中同样也使用"鸡",湖南西部花垣县的湘西苗语中的"鸡"是 /tɑ^{35}qa^{35}/,老挝和泰国的白苗语则是 /qai^{55}/,广西金秀的花篮瑶语中"鸡"是 /kai^{44}/。

不过,在大片的"鸡"当中,却有一些意外的特立独行者。

雏鸣湘西

清朝湖南溆浦曾经出过一位神童严如熤。溆浦位于湘西,地近古代所谓的"苗疆"。

严如熤出生于1759年,青年时期就深受长沙岳麓书院山长罗典的器重。或许是因为出身湘西大山中,和一般的读书人不同,严如熤对军事非常感兴趣。

严如煜的整个官宦生涯几乎都和平乱有关。1795年,贵州苗民起义,出身湘西,当时正在沅州(今湖南芷江)明山书院教书的严如煜任湖南巡抚的幕僚参与并策划镇压苗民起义。这次苗民起义的影响极其深远,被镇压后,大量苗族向西南方向逃跑流亡,并最终流入东南亚,成为今天东南亚和美国大部分苗族的祖先。

当然,18世纪末的严如煜不可能预料到自己的一举一动会对两百年后的世界造成这么大的影响。当时他还正忙着参与镇压下一次起义。18世纪末,中国经历了迅速的人口膨胀,导致人均耕地减少,许多农民在生死线上挣扎,四川、湖北、陕西交界处的巴山老林中容纳了大量迁入的外地饥民,恶劣的生活条件促使宣称未来会有弥勒降世、改造世界的白莲教在山民中迅速流行。苗民起义需要调兵镇压,导致巴山老林防务空虚,随后爆发了"川楚教乱"。

严如煜确实不像一个一般的读书人,他平时不修边幅,看上去就像一个老农民,对给四书五经注疏也不感兴趣。他更感兴趣的是经世之学,喜欢下到民间详细考察,因此他提出的政策方略基于现实、可行度高。在长期处理防务中,严如煜先后撰写了《苗防备览》《三省边防备》《洋防辑要》等著作。

翻开《苗防备览》,作为严如煜的开山之作,他把大量的精力花在描绘当地人的风俗习惯上,以期读者能对苗疆山民有更多了解。其中《永保土人风俗》中记录了当地土人的语言。

虽然自己是湘西人,但严如煜对土话仍然感到很头疼,他记载:"土人言语呢喃难辨,近开关渐久,能道官音者十有五六。"在当时,一定有一位这样的能说官话的土人,和严如煜坐在一起,慢慢教严如煜土话里某物应该怎么说。

大概是为了满足最基本的交流需求,严如煜记录的当地土话都是比较基本的词汇,如数字、亲属、常用动作和食品。在这些记录中,鸡作为常见动物荣登被记录的100多个词之列。严如煜对鸡的记录是"鸡曰匝"。

显然,苗语的"鸡"不可能读"匝",如果再看其中记录的其他词,则这个"永保土话"更不可能是苗语。

所谓"永保"指的是永顺和保靖,今天的湘西地区虽然向来有苗疆之称,但是苗族的主要聚居地是湘西的南部,湘西北部诸县则以土家族为主。

今天湘西北部大部分的土家族自称"毕兹卡",土家人的来源至今尚未完全清楚,有说是早期的湘西土著,也有说是从贵州东扩而来的乌蛮。土家人的语言属于汉藏语,但是受到周边各种语言影响非常严重,至今在汉藏语内部,土家语究竟和什么语言有更近的亲缘关系尚不清楚。

在严如煜的时代,土家人普遍使用所谓的"土话",但是已经开始出现明显的转用汉语的征兆。今天的土家人绝大部分只会说汉语,会说土家语的不到土家族人口的5%,主要集中在湘西州的几个县。土家语中"鸡"是 /za^{31}/,严如煜用"叽"来表音尚算比较贴切,他所记录的"永保土话"其实是清朝的土家语。

在中国中东部的语言中,土家语"鸡"可算是独树一帜,但是如果往西走的话,类似的说法就多了。土家人的来源一说是来自乌蛮,中古的乌蛮和现代的彝族有密切的联系,在贵州大方的彝语中,"鸡"是 /ɣa³³/。

然而土家语和彝语历史上都发生过剧烈的音变,如果要找到这个词更古时候的发音,则需要参考其他的亲属语言。幸运的是,彝语和缅甸语有比较近的亲缘关系。缅甸语有相当古老的文字传统,缅文是 13 世纪就出现的拼音文字,缅文较为忠实地记录了 13 世纪缅甸语的发音。而在缅文中,"鸡"是 ကြက် (krak)。

缅人的祖先居住在云南西部,大约唐朝时,缅人开始南迁,进入伊洛瓦底江流域。当缅人大量南迁时,缅人祖先的一部分亲属民族安土重迁,仍然留在滇西。滇西阿昌族的先祖就留在了中国。

今天的缅甸东北部是所谓的"掸邦",主体民族是掸族,也就是傣族。南迁伊洛瓦底江的缅人兴盛以后迅速成为东南亚一霸,多次对外征伐,控制了今天缅甸东北部的掸邦之后,缅甸继续寻求向东北方向扩张。历史上缅甸多次试图控制中缅边境的各土司,明朝和清朝都发生过缅甸入侵导致的战争。缅方把这些边境土司称作"九掸邦",即九个掸(傣)族土邦。

缅甸所谓的"九掸邦"实际是对缅甸掸邦更东北的区域的泛指，到底包括哪些土司辖地从来没有很清楚过，一般来说包含孟连、勐卯（瑞丽）、司官（梁河）、勐拉（盈江北部）、盏达（盈江南部）、户撒（陇川户撒东北）、腊撒（陇川户撒西南）、勐宛（陇川）、耿马（德宏州）、临沧市和澜沧市的西部边境地区。这些地方在明清时期都被大大小小的傣族土司治理，因此被缅甸笼统称为"九掸邦"。

然而当时的缅人对中国云南的情况并不算特别清楚：在所谓的"九掸邦"中，户撒和腊撒的主体居民不是傣族，而是阿昌族。

户撒和腊撒都位于陇川北部的户撒坝盆地。户撒河从东北向西南贯穿整个盆地。户撒坝气候温和，植被繁茂。河谷上下游历史上分属户撒和腊撒土司。由于长期归属傣族土司统领，户撒和腊撒的阿昌族在文化上受到傣族影响，以至被缅甸算成了所谓"九掸邦"。然而阿昌族的语言和当地傣族的德宏傣语截然不同，在户撒阿昌语中，"鸡"读/kʐuaʔ/[55]，和 800 年前的缅文拼写仍然非常相似。

加上缅甸语的话，"krak 式"的"鸡"的分布也相当广阔，从孟加拉湾和安达曼海之间的下缅甸，到中国云南的西部和南部，再延伸到滇东川南黔西的彝族地区，最后止于湘西土家，大致形成一个从西南到东北方向的楔形。

Krak 和汉语的"鸡"没有明显的关系，却和汉语的"雏"较为接近，这个词根在楔形地带的土家语、缅语、阿昌语等

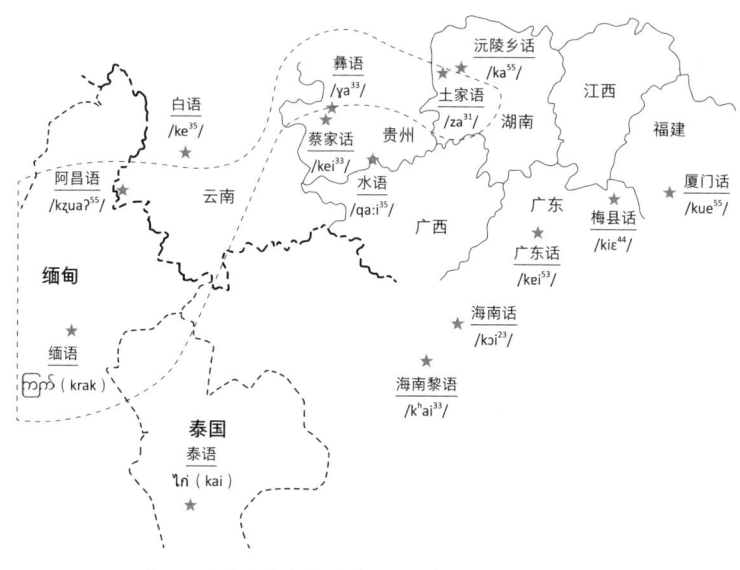

"krak 式"（虚线框内）的"鸡"的分布示意图

语言中用来表示"鸡"，而在汉语中则是表示"小猫头鹰"。作为较晚驯化成功的动物，显然说汉藏语的先民在用什么词指代这种鸡上分成了两派。总体而言，在东亚大陆，"鸡"和 krak 两种说法各有大致占优的势力范围，但是又在不少地方犬牙交错。虽然鸡的驯化比较晚，但是自从驯化后，鸡就成为了最重要的家禽。体型较小的鸡又适合在迁徙时携带，"鸡"和 krak 两种不同的说法的背后是不是代表相应区域的传统鸡种在遗传上也有差别，尚不得而知。

东亚共通的"鹅"

相对于"鸡"的多元，另一种家禽在整个东亚大陆几乎都使用相同的名称。

骆宾王的《咏鹅》是许多中国人最早学到的唐诗。"鹅鹅鹅，曲项向天歌。白毛浮绿水，红掌拨清波。"七岁的骆宾王当时看到的大白鹅和今天中国人看到的鹅别无二致。

当然，中国的鹅并不都是白色的，用来做潮汕卤鹅的广东澄海狮头鹅就披着一层灰褐色的羽毛。然而有一个特征是中国家鹅几乎都具备的，就是在喙上有个突起的肉瘤。

相比之下，欧洲家鹅的喙上就没有肉瘤，喙和头部的衔接部分相当平滑，近似鸭喙。这是因为虽然都是家鹅，中国家鹅和欧洲家鹅的祖先却不一样。除了新疆的伊犁鹅以外，中国的所有家鹅都是从鸿雁驯化而来，欧洲家鹅的祖先则是灰雁。野生的鸿雁喙上有瘤，灰雁则没有。

可以说，雁就是野生的鹅，鹅就是家养的雁。相应的，在汉语中，"鹅"和"雁"是一个词根派生的产物。虽然今天普通话的 e 和 yan 不算太接近，但是粤语的鹅 ngo 和雁 ngaan 就要相近得多。

整个东亚大陆大部分的重要语言几乎都用一个类似 ngan 的词来表示雁和鹅。藏文中把雁称作 ངང་པ་（ngang pa），在缅文中雁则是 ငန်း（ngan:），越南语中鹅是 ngỗng，不过却有一个表示番鸭的词 ngan。

所谓"番鸭"其实就是疣鼻栖鸭，特征是喙的根部到头部有红色的肉瘤。中国最有名的番鸭大概是海南琼海的嘉积鸭，相对中国本土的鸭子，番鸭脯大，肉质较瘦，非常适合海南人喜欢的白切做法。根据海南当地的传说，番鸭是百余年前由琼籍华侨从南洋带回海南，最有可能来自现在的马来西亚，因此称作"番"。不过实际上，南洋也并非番鸭的原产地，番鸭的原产地是地球另一边的中美洲和南美洲。作为一种原产中南美洲的动物，哥伦布发现美洲之前的越南人自然是无缘得见番鸭真容。越南语的 ngan 在古代一定表示一种和后来的番鸭长得比较像的鸟类，譬如同样长着肉瘤的鸿雁或某种鹅。更为离奇的是，"雁"在东南亚的分布还不仅仅止于越南。越南北部历史上曾长期属于中国，汉语对越南语影响极大。但是地理位置偏南的柬埔寨高棉语也使用"雁"，高棉语中"雁鹅"称作ក្ងាន（kngān）。相对来说，似乎壮侗语的"雁"比较有特点，泰语中"鹅"是ห่าน（han），老挝语以及中国西双版纳和德宏的傣语、各地的壮语、贵州布依语几乎都是这个读音，和东亚其他语言 ng- 声母不同。不过这只是表象而已，实际上这个词和"雁"仍然是同源词。

海南岛长期孤悬海外，长久以来大陆上的人往往视海南为天涯海角的偏远之地。近代以前，大陆上的人对海南岛严重缺乏了解。

对于一个面积仅仅 3 万多平方公里的海岛来说，海南岛拥有令人惊异的语言多样性。海南岛多高山的地形非常利于语言分化，甚至就连岛民自己也很难了解岛上其他地方说什么话。

由于气候适宜，人口密度低，海南历史上从东亚大陆各地接纳了大量移民，这些移民上岛后往往聚居在一起，他们的语言也就在海南岛上保留并继续演化。海南岛最早上岛的居民是黎族，现今多分布于海南西部、中部和南部的山地。明朝时，广西的瑶族迁入海南，又带来了"海南苗语"（实际上是瑶语）。从越南中部占城古国迁入三亚的占人带来了回辉话，全岛最多人说的海南话是闽南语分支，儋州话和水上人家的疍家话又是来自广东，全岛旧卫所常见的军话则是明朝南方官话的后代。

广东、海南的居民都习惯把自己不熟悉的语言通通称为"黎话"，这些黎话的归属可说是五花八门。湛江和茂名地区所说的黎话实际上指的是雷州方言，是福建迁来的闽南方言的后代，和海南岛大部所说的海南话同源。而在海南岛上，由于海南话占据优势地位，自然不会自称为"黎"，除了山区黎族的话为黎话以外，琼北临高、澄迈以及海口郊区都有大片"讲黎"的地区。

在海南岛还被视为天南畏途而非旅游胜地的年代，只有海南本土居民才对海南的语言比较了解。对海南语言分布情况最早描述的是海南人唐胄于 1521 年编纂的《正德琼台志》，其中的《风俗》写到："语有数种。州城惟正语。村落乡音有数种：一曰东语，又名客语，似闽音。一曰西江黎语，即广西梧、浔等处音。一曰土军语。一曰地黎语，乃本土音也。其儋、崖及生黎与疍、獞、番等人语，又各不同。"唐胄区分了两种黎语，一种是西江黎语，他认为是广西迁来的，另一种是地黎语，是海南本土的语言。今天海南黎族所说的黎语是地黎语，然而西江黎语是什么在之后的几百年并没有人进一步探索。

首先尝试记录西江黎语的是外国人。丹麦人冶基善本是受聘于广东海关的缉私船船长，负责打击海盗，后于1881年辞职到海南岛自费传教。为了传教方便，冶基善记录了一些海南语言的词汇，其中就包括属于西江黎语的临高黎语。差不多同时，19世纪著名汉学家、英国外交官，记录了许多种汉语方言的庄延龄也简略调查了海口西南石山镇施茶村的琼山黎语（也属西江黎语）。两者都认为临高黎语和琼山黎语接近泰语，不过均未明确区分地黎语和西江黎语。真正认识到西江黎语和地黎语是两回事，并对西江黎语进行学术研究的是法国神甫萨维纳。

萨维纳于1901年抵达越南河内，被巴黎外方传教会派驻越南北部的苗族地区传教。和大部分传教士不同，除了传教以外，萨维纳也热衷于研究当地语言文化和历史传说。长期在法属印度殖民地工作的经历使得萨维纳对越南北部、老挝、中国云南南部的多种语言都比较了解。因此，法国远东学院1925年雇佣萨维纳前往海南调查当地情况。萨维纳在海南的考察进行了4年，足迹遍布海南岛，并著有《海南岛志》。他把分布在海南岛西北地区的西江黎语称作 Bê，并认为这种语言和壮语有较近的亲缘关系，和海南山区的 Đai（地黎语）是两种语言。

Bê 实际上是"村"的意思，是萨维纳调查的海口西部长流地区的"黎话"的读音。这种语言最强势的地区在琼西北的临高县，临高全县几乎都说这种语言，因此被称为"临高语"。临高语的势力范围并不仅仅限于临高，琼西北的澄迈、儋州都有人说这种语言，海口西海岸和南部郊区也有不少村寨说临高语。说临高语的人登上海南岛的时间早于说海南话的人，因此说临高语的人把海南话称作"客话"。历史上琼北说临高语的地区比今天还要大得多，甚至今天无人说临高语的文昌、琼海等地的地名也残留有临高语的痕迹。今天因为举办亚洲论坛而声名鹊起的琼海博鳌镇，在晚清时期的地图上写作"卜敖"，当地的海南话发音为 /bak^{55} ia^{21}/，因此这个名字不可能是字面上"鱼鳖众多"的意思。博鳌位于万泉河的入海口，/bak^{55}/ 在临高语中就是"口"的意思。这类"博"字头地名在旧临高语地区极其常见，海口西郊东水港有一座村庄，叫"拔南村"，原名"博浦"，以前是东水港渡口所在地，有一条小河入海，临高语中为 /bak^{55} nam^{21}/，即"水口"之义。甚至大陆上也仍然有类似临高语的孑遗，雷州半岛上的吴川市覃巴镇吉兆村的村民会讲一种只有村民自己才懂的"黎话"，就和临高语比较接近。

临高语虽然同东亚大陆的壮语、泰语是近亲，但是由于早早分化并登上海南岛，临高语的许多特征比大陆的亲戚更加古老。泰语的数词借自汉语，但是泰语的 5 是 ห้า（ha），老挝语、傣语、壮语、布依语的 5 也都以 h 为声母，古汉语的 5 则以 ng 为声母，情况和"雁"几乎一样。然而在临高语中，5 却是 /ŋa³³/，保留了更古老的声母。这些语言的远亲，海南西部昌化江流域的美孚黎语中"雁"则是 /ŋa:n⁵⁵/，壮侗语的 han 不过是"雁"的变音罢了。

鸿雁是典型的候鸟，它们每年春夏飞到黑龙江和内蒙古呼伦贝尔等地繁殖，冬天则在长江流域和东南沿海越冬。在自然状态下，东亚大陆其他地区，尤其是东南亚，雁本是难得一见的动物。然而古代的华夏人成功驯化了鸿雁，这些古华夏人对雁鹅的称呼，则随着家养雁鹅的扩张，扩散到了东亚大陆各地。

老虎与野马

楚国的老虎

新疆虎湖

东进之马

西方来客

数学天才莱布尼茨的语言学研究

公元 808 年年末,唐宪宗年间的南诏,一位 30 岁左右、举止雍容的年轻人在一座高台上端坐。台下,大理百姓正在欢庆节日。年轻人看了看同在台上的另一人,说:"我们来对诗吧。"年轻人迅速吟了一首:"避风善阐台,极目见藤越。悲哉古与今,依然烟与月。自我居震旦,翊卫类夔契。伊昔颈皇运,艰难仰忠烈。不觉岁云暮,感极星回节。元昶同一心,子孙堪贻厥。"而另一人思忖半天,终于对出:"法驾避星回,波罗毗勇猜。河润冰难合,地暖梅先开。下令俚柔洽,献賝弄栋来。愿将不才质,千载侍游台。"

这个年轻人是南诏国第四代国王寻阁劝,与他对诗的则是南诏清平官(相当于丞相)赵叔达。国君在唱诗应和中感慨时光流逝,治国不易。臣子则剖白必会忠心耿耿,愿服侍明君。

今天南诏故国所属的彝族、白族和纳西族聚居区,每年农历六月二十四左右,仍然会举办盛大的庆祝活动,一般认为即从唐朝的"星回节"演化而来。不过对大部分慕名而去的游客而言,它的俗称"火把节"更加知名。只是根据对诗内容,南诏星回节应该是在岁末的冬季,现代的火把节则是夏季的庆祝活动。

和诸多知名唐诗相比，这两首诗虽然被收入《全唐诗》之中，却鲜为人知。寻阁劝和赵叔达并非著名诗人，这两首诗几乎是他们两人仅传的诗作，在这次对诗后不久，寻阁劝就英年早逝。而在诗歌中出现了大量南诏专用的词语和地名，如"藤越"（腾冲）、"昶"（臣）、"俚柔"（百姓），一般读者读之如坠云里雾里。其中尤以整句用南诏语言入诗的"波罗毗勇猜"最为难懂。

古人读到这首诗，也会和今人有同样的困惑，因此五代成书的《玉溪编事》对"波罗毗勇猜"做了注解："波罗，虎也；毗勇，野马也。骠信昔年幸此，鲁射野马并虎。"由于寻阁劝曾经在此地狩猎老虎、野马，所以赵叔达依此夸赞寻阁劝勇猛。自智人进入东亚大陆以来，我们祖先接触的最顶级掠食者就是虎。在东亚和东南亚的野生动物中，虎是少有的可以威胁人类的危险动物。整个东亚和东南亚除了高原和沙漠外都曾经有老虎活动。作为百兽之王，虎既为人类所惧怕又是崇拜的对象，能够狩猎老虎的，都是了不起的英雄好汉。

寻阁劝出生于778年，他出生时，南诏国的国都位于今天大理古城以南7公里，苍山山坡上的太和城。出生后一年，他的父亲异牟寻将都城迁到大理古城西北，苍山缓坡上的羊苴咩城。他的童年时期，异牟寻又一度迁居今天大理古城以北的喜洲镇，洱海边上的大厘城。可以确定的是，寻阁劝的幼年是在苍山洱海之间长大的。从太和到喜洲的区域今天都说白语。大理白语老虎叫 /lo^{21}/，即"波罗"的"罗"。中国向来有虎豹并举表示猛兽的传统，而在大理白语中"豹"是 /pɑ^{53}/，大约就是"波"的来源。也有人说南诏王室是乌蛮，在乌蛮后代所说的凉山彝语中，虎则是 /la^{55}/；彝语的近亲，云南红河州绿春县的哈尼语中老虎则是 /xa^{31} la^{31}/。

若是单从现代的语音来看，"罗"和汉语的"虎"可谓是风马牛不相及，但是如果翻开古籍，情况就要复杂得多。根据西汉《方言》的记录，当时在中国各地老虎的说法比现在要多样，或许是由于当时全国各地都能见到老虎的缘故：老虎在陈魏宋楚间叫"李父"，江淮南楚叫"李耳"或叫"於菟"，中原西部到关中地区叫"伯都"。今天湘西土家语老虎叫 /li^{35}/ 或者 /li^{35} pa^{55}/，和当时中原东部南部的"李父"相当对应，更有意思的则当属"於菟"。

楚国的老虎

春秋时期楚国有一位著名的令尹子文。令尹子文的父亲斗伯比是楚君若敖的儿子，年少时跟随母亲勋夫人生活在勋国，斗伯比与勋国女子私通，生下了一个私生子。他的母亲勋夫人决定遗弃这个私生子，将初生的婴儿扔到了云梦泽里。不久之后，斗伯比去云梦泽狩猎，他看到了惊人的一幕，本以为早就被大泽吞没的儿子不但出现在了自己眼前，而且并没有化成一具死尸，他安静地躺在一头母虎的身边，母虎正在给他哺乳。眼前的景象让斗伯比震惊不已，这个私生子随后被接了回去，起名"斗谷於菟"。《左传》给这个名字做了解释，在楚国的语言中，"谷"就是"乳"，"於菟"则是"虎"，这个男孩得名的原因正是因为有母老虎哺乳这桩奇事。《汉书》的作者班氏家族是令尹子文的后代，在追溯自己祖先时把祖先名记录为"於檡"。这个称呼在南楚一直传到至少晋代，晋代郭璞给《方言》作注时提到江南山夷把虎叫作"䖘"，音"狗窦"。

普通话里的许多 u 在上古时代读 a，如中国古代对梵语 बुद्ध（Buddha）的音译是"浮屠"。这个古代楚语的"於菟"在历史曾经读 /qaː daː/ 或 /qaː laː/（郑张尚芳／潘悟云拟）之类的音。这个荆楚地区的读音，意外地和数千公里外的东南亚颇为相似。缅文"虎"是 ကျား（kyaː），在早期碑文中 y 则写成 l。在高棉文中"虎"则直接写作 ខ្លា（klā），和"於菟"颇有相似之处。

实际上，"虎"跟这些东南亚语言的 kla 未必全无关系。在上古时期，"虎"的声母可能并不是 h。中古以来，汉语的"虎"的声母一直是 h，在大多数汉语方言里，"虎"的声母要么是 h，要么变成了 f。但是却有一些古老的方言在"虎"的读音上独树一帜。

湘西地区除了土家族和苗族，还有一群被称作"瓦乡人"的人群。瓦乡实际上是"话乡"的讹误。瓦乡人把自己说的话称作"乡话"。乡话以沅陵县为中心，沅陵城在历史上是湘西的政治中心,先后是黔中郡郡治、辰州府府治。和周围的土家语和苗语不同,长期作为政治中心的沅陵城周围的乡话是一种古老的汉语。许多在其他地方久已不用,只有在古书上才有的说法在乡话口语里仍然在使用,如把"蛇"叫"虺",把"鞋"叫"履",把"饭篓"叫"豆"。在沅陵乡话里,"虎"读 /khu^{53}/;而在贵州蔡家话中,"虎"读 /khu^{55}/;闽北的建阳话中,"虎"读 /kho^{21}/。不仅如此,"虎"同声旁的字中也有"唬""虑"等l声母的字,在上古时期,"虎"和"於菟"可能本就是一个词的两个读法而已。

相对中原的汉语而言,高棉语显然保存了这个词更古老的形式。高棉语在语言上属于南亚语系,它的近亲是历史上居住在今天泰国和缅甸的孟人所说的孟语。孟语中"虎"是ကျ/kla^{ʔ}/,和高棉语几乎一致。更有意思的是,同"虎"与"於菟"一样,在南亚语中,"虎"也有单音节和双音节两种形式。

高棉人和孟人几乎是东南亚最早进入文明社会的族群,位于柬埔寨暹粒附近的吴哥窟就是整个东南亚最伟大的建筑遗迹。而在泰人和缅人进入泰国、缅甸之前,今天的泰国、缅甸大部则由一系列孟人王国统治。今天的泰文字母承袭高棉文,缅文字母则承袭孟文。

然而在高棉人和孟人之外,许多中南半岛的南亚语居民并没有形成大型的政权,而是与世无争,以农业为生。其中最大的群体之一是主要分布在老挝南部和泰国东北部的苏艾人。苏艾人几乎全民都是稻农,种稻之外,他们也从事诸如训象、编篮、织布之类的副业。在苏艾语中,虎是 /kəla:/,有两个音节,就像"於菟"那样。

这或许是"虎"本初的形式,在不同的语言中,"虎"经历了各种不同的简化、缩合、音变,以至于今天已经面目全非。

不过,东亚大陆并非所有的虎都可以追溯到这一系的词语,不要忘了,虎并不是一种只生活在亚热带的动物,体型最大的虎是东北虎。源自东北的满语里"虎"就是 tasha,清朝就有满族人以虎为名,汉字写为"塔思哈"。南方的"虎"也存在其他来源,广西武鸣和靖西的壮语"虎"分别为 /kuk^5/ 和 /θi^{54}/,不但均和 kla 无关,甚至两者之间都不同源。

新疆虎湖

我们暂且放弃探究这些"虎",把注意力转移到一个人们大多不会和老虎相联系的地方——中国新疆。

中国能见到的老虎主要有东北虎、华南虎和孟加拉虎。光听这三者的名称就知道西北地区大概和老虎是无缘的。的确,今天如果有人在西北发现野生老虎,必定会是轰动一时的大新闻。干旱的西北大部分地区并不适合作为食物链顶端的大型掠食者——老虎的生存。

然而中国最西北的新疆却曾经有过老虎。新疆虎属于里海虎,新疆虽然干旱,但是高山地区降水量要比低地多许多，冰雪融化的雪水仍然可以营造适合虎生存的环境。不过这已经是上个世纪的事了，最后一头新疆虎于 1916 年被猎杀，整个里海虎种群也在上个世纪中叶灭绝。

今天新疆东部哈密地区的巴里坤县得名于巴里坤湖。位于东疆的哈密地区气候干燥，大部分区域都是戈壁沙漠，然而在天山北麓的巴里坤湖附近，冰川融雪滋养着葱郁的草场。几千年来，在天山地区活动的牧民一直在巴里坤湖附近放牧。今天巴里坤牧民多是哈萨克族，哈萨克语中，巴里坤湖叫 Barköl，其中 köl 就是"湖"的意思，Bar 则一般认为是 barys（豹）的缩略形式。然而哈萨克牧民大多是清朝时自西向东逐渐进入东疆的，早在哈萨克牧民进入前，巴里坤湖被称作"八儿思阔海"和"巴尔库勒淖尔"，"淖尔"是蒙古语 naγur 的音译，也就是"湖泊"的意思。哈萨克人进入前，巴里坤一带曾是蒙古和硕特部的牧场，蒙文中 bars 就是"虎"。

同样是大型猫科猛兽，虎和豹经常被归为一类动物，即使在亲缘关系较近的语言中，虎和豹也经常发生意义上的转化。在哈萨克语中，"虎"为 zholbarys，"豹"为 barys。维吾尔语中，"虎"为 yolwas/bars，"豹"为 qaplan。西亚的土耳其语中，"虎"为 kaplan，"豹"为 pars。古代突厥碑刻中，bars yïl 又用来对应中原的"虎年"。Bars 最早的起源尚存争议，一说这个词来自早期在欧亚草原上游牧的古代伊朗语族的游牧民，今天波斯语中 پارس（pārs）表示豹。无论起源在哪儿，这个词在北方草原和森林地带分布极广，远至中国东北北部大兴安岭密林中的鄂温克语里，老虎也是 bari。辽朝时，契丹人庆祝重阳节的方式别具一格。每年重阳节时，辽帝会率领群臣和各契丹部族一道去射虎。这是节庆狩猎，同时也是一场比赛，猎得老虎比较少的负者要操办重阳宴会。同时，深受汉文化影响的辽朝重阳节庆祝活动也颇有些汉式的节目，在射虎结束后也会登高饮菊花酒，然后切生兔肝拌鹿舌酱食用。在契丹语中，这个日子被称作"必里迟离"，也有人认为"必里迟"和 bars 有关。

我们可以把注意力转回巴里坤湖。作为新疆东部最好的草场之一，巴里坤地区在 4000 年前的青铜时代就已经有牧民居住。这些早期的牧民会在天山山脉附近巡回寻找合适的草场。牧民的生活自由而艰苦，他们的下肢往往都因经常骑马发生了类似罗圈腿的畸变，大腿骨颈部也因为长期磨损形成假关节。在没有马镫的时代，骑马很难保持平衡，牧民的遗骨很多都有骨折的痕迹，牙齿则由于长期食肉磨损严重，很多人还患上了严重的牙病，普遍英年早逝。哈密地区稍晚的居民则已经具有后世草原牧民的许多特点，他们的逝者坟墓前已经立有神秘的石人，这些石人多数面庞滚圆、眼睛巨大，表情庄重肃穆，男性还有醒目的八字胡须。到了汉代，以巴里坤湖为中心的区域形成了西域三十六国之一的蒲类国。

蒲类国是一个小国，根据《汉书》记载，户三百二十五，口二千三十二。蒲类国得名自蒲类泽，即巴里坤湖。西汉宣帝年间，赵充国为蒲类将军，原本计划在蒲类泽与乌孙会师共击匈奴。然而汉军比乌孙军晚到，抵达时乌孙军已经离开。赵充国仍然率汉军出击，成功击败匈奴。赵充国踏足蒲类泽大约150年后，正值壮年的班超来到了巴里坤湖，此时它叫"蒲类海"。在这里，班超率军大胜匈奴呼衍部，从此开始了在西域三十年的纵横捭阖。

在"蒲类"出现的西汉时期，汉语的语音和今天的普通话有非常大的差别，当时"蒲"还读 *baa（郑张尚芳），而去声的"类"在当时还读 *rus。用去声字转译西域地名中的 -s 之类的音是当时习惯的做法，克什米尔在《汉书》中就称"罽宾"。"蒲类"在当时的汉语中音近 *baarus，和 Bars 如出一辙。这个名字稳定得惊人。当唐朝人来到蒲类海边时，这个湖泊的名字仍叫 Bars。由于唐朝时汉语"蒲类"的读音已经和 Bars 不再相像，唐人给巴里坤湖起了一个新名"婆悉海"，在当时的汉语中读 *basit，仍然是 Bars 的音译。

历史上水草丰美的巴里坤湖附近既是新疆虎的栖息地，也能寻觅到天山雪豹的踪迹。当初命名蒲类泽的牧民到底是看到了新疆虎还是雪豹已经不得而知。然而受巴里坤湖的恩惠，在湖畔放牧的一代代牧民却如接力棒一般一程程地把 Bars 这个名字从上古传到现在。传承过程中，他们会按照自己的语言习惯对 Bars 进行改造，汉人加了"泽""海""湖"，蒙古人加了 naɣur，突厥人加了 köl。然而从亘古驶来的 Bars，就如巴里坤湖本身一般，几千年间一直见证着天山东段的潮起潮落。

东进之马

我们暂时回到南诏时期的洱海湖畔,再关心一下南诏清平官赵叔达的"波罗毗勇猜"。根据唐人的记录,"毗勇"是南诏语里"野马"的意思。

今天中国绝大部人出行并不需要靠骑马。欧美国家盛行已久的马术在人烟稠密的中国东部非巨富则不可能有足够的经费和场地将它当作休闲运动。哪怕是在传统上的牧区,一个在夏天去新疆那拉提、喀拉峻草原观光的游客可能也会略微惊讶地发现,现在骑马早就变成了一个让游客体验草原风情的旅游创收项目,牧民真正放牧的时候却是搬出一辆灰扑扑大排量的摩托车,拧开开关、一脚踏在油门上,"嗡"地一声冲向草原深处,只留下一道黑黢黢的尾气。

这一切得归功于英国人瓦特改良了蒸汽机,引发了工业革命,从此汽车、火车、飞机还有摩托车依次出现。21世纪的人,除了少数交通困难的边远地区外,骑马已是一种少数人闲情逸致的生活方式。但在工业革命以前,马的作用非常重要,骑马差不多是当时最快的交通方式,翻山越岭的马帮需要马驮货;在战争时期,用好骑兵则往往可以在战场上对步兵造成毁灭性的打击。

可惜的是,如此重要的家畜在古代中国却长期处于数量匮乏的状态。养马需要大规模的草场,中国中东部的农业区本就不适合大规模养马。自古以来,为抵御北方骑兵的威胁，中原王朝为了获取马匹可说是无所不用其极。汉武帝时期，汉朝就为了获取汗血宝马两次发兵攻打遥远的大宛国，以巨大的代价换得了1000多匹大宛马。

自古以来，好马产自北方，游牧民族数千年来的选育使得北方草原的马匹在品种上优于中原，加之北方大草原能让马匹有充足的食物并有充分的锻炼空间，这些来自北方草原的健硕马匹才适合充当军马。北宋时期，令宋朝耿耿于怀的幽云十六州就是著名的良马产地。宋真宗咸平四年（1001年），西夏攻占灵州这块北宋仅存的重要马场让情况雪上加霜，丧失了幽云十六州和灵州使得宋朝培养战马变得艰难重重。宋朝不得不想方设法买马，尤其在南宋期间，随着北方领土进一步萎缩，南宋不得不在邕州（广西南宁）设置"买马提举司"，从云南的大理国买马。大理马成为南宋军马的主要来源，南宋以大量金、银、盐和丝织品换取大理马。大理产良马的名声并非一蹴而就。早在唐朝，南诏国就以产良马出名。南诏时最重要的产马地在越赕，大约在今天保山到腾冲一带的某地。越赕并非是南诏唯一的马场，大厘（喜洲）、邓川、藤充（腾冲）、次赕（禄丰）等地均产马。

通过赵书达的诗，我们可以确定，当时南诏人把"马"称作"毗勇"。在赵书达的年代，"勇"的发音和今天的普通话差距不大；"毗"的声母则是 b，今天江苏南部、浙江、上海的吴语里"毗"还大多是读 bi。今天大理白语"马"是 /me˧˧/，凉山彝语是 /mu³³/，这两种语言从唐朝到现在都经历了非常大的语音变化，今天的读音看不出"毗勇"的 -ng 鼻音韵尾，然而，其他的汉藏语的"马"带鼻音。

在当今所有汉藏语中，"马"的读音和"毗勇"最接近的语言不在中国境内，而是在泰国的姆毕语。姆毕语是个只有不到 1000 人会说的濒危语言。今天说姆毕语的人分布在泰国北部难府和帕府的两座村庄，难府和帕府都位于青山之中的盆地，盆地内则广布稻田，相对封闭，较少受外界影响，比起泰北大城市清迈保留了更纯正的泰北风情。只是两地虽然风光旖旎，但交通不便，即便泰国是个旅游大国，难府和帕府也直到最近才成为泰国国内游的热门目的地，很少有外国游客造访。

现今两座村庄大约有 1500 名姆毕人。根据姆毕人对祖先的记忆，他们大约在 250 年前从中国云南西双版纳的勐腊县经老挝南迁到泰国。根据一些 20 世纪中期的移民说法，勐腊至今可能仍然有说姆毕语的居民，居住在勐腊城周围的山区里的某座村庄。除了语言之外，姆毕人的生活习惯与宗教信仰和泰北当地人几乎别无二致。语言上说，姆毕语较为接近哈尼语，但是也无法对话。在姆毕语中，"马"是 /mjuŋ¹¹/，和"毗勇"在唐朝时的读音相对接近。

不过姆毕人和当年南诏的关系并不是太清楚，另一支人群却是和南诏马密切相关。

缅人并非伊洛瓦底江流域的土著，而是起源于唐朝时云南的南诏国。南诏的统治中心在大理，地形居高临下，十分利于军事进攻。南诏的东面和北面分别是强大的唐朝和吐蕃。虽然南诏在唐蕃之间闪展腾挪尚算得心应手,甚至也能占到不少便宜,但是和大国作战毕竟危险,因此南诏把扩张的目光投向了南方。

南诏第七代国王劝丰祐是一代英主。在他治下,南诏军功极盛。830年,南诏甚至一路攻入成都外城,劫掠数万人返回南诏。今天大理的地标"三塔"中最大的千寻塔即为成都工匠所修。两年后,南诏又征伐缅甸。此时缅甸北部的上缅甸为骠国诸城邦,凶悍的南诏骑兵进入上缅甸后,诸城邦完全不是对手,很快衰落。骑马而来的南诏征服者定居上缅甸,成为后来缅人的祖先。

缅、彝、纳西、嘉绒、羌、西夏等语言在整个汉藏语系中互相更为接近,这些语言的分布范围从安达曼海一直到宁夏,他们可能是古代在今陕西、甘肃、青海、川西的氐羌的语言的后代,后来沿着青藏高原发源的诸大河向河流下游扩张。缅人后来笃信佛教,因此将祖先追溯到佛陀释迦牟尼所属的释迦族。然而在缅甸重要的史书《琉璃宫史》中的蒲甘王系里,我们仍然能看出南诏遗风:名王骠苴低以下的几代国王为低蒙苴、苴蒙伯、伯梯利、梯利干,采取父子连名制;南诏历史上的国君则为细奴逻、逻盛、盛逻皮、皮逻阁、阁罗凤,两者命名方式如出一辙。在中国的《南诏野史》中,南诏祖先最早的两位国王为骠苴低、低蒙苴。

作为骑马征服伊洛瓦底江的南诏军士后代,缅文中"马"

为 ဖြစ် (mrang:)，在很多亲属语言里，r 变成了 /j/，如在现代的缅甸仰光话里面，"马"读 /mjĩ⁵⁵/（i 上的符号表示鼻化）。云南陇川县的阿昌语"马"是 /m̥zaŋ³¹/（m 下的符号表示清化），和缅文拼写几乎一致，云南梁河县的阿昌语则是 /m̥jaŋ³¹/。而在嘉绒语茶堡话里，"马"则是 mbro。嘉绒语的 o 有一部分来自古代的 ang，mbro 实际上和缅系的 mrang 是一个来源。今天藏文一般用 རྟ（rta）表示马，然而在敦煌发现的古代藏文文献中，藏文还有另一个表示马的词 རྨང（rmang），同样和缅系的 mrang 同源。

西方来客

马进入中原人生活的年代实在是太晚了。东亚地区并不缺乏马生活过的痕迹，中国许多地方都发现过几十万年前三门马的化石，然而这种马早就灭绝。现今世界上仅存的野马——普氏野马，生活在新疆准噶尔盆地。在历史上，普氏野马的分布要广得多，甚至一度南抵台湾澎湖。然而到了新石器时代，随着冰期结束，气候转向暖湿，马在中原和南方迅速消失。

直到商朝早期，马都未进入中原华夏人的生活，河南偃师商城是商朝早期的都城，没有发掘出任何一块马骨。一直到商朝后期的洹北商城，也没有发掘出马骨。然而在殷墟的墓葬和祭祀坑中，则开始大量出现马。同时，甲骨文里也出现了"马"字。

大量家马如此突然地出现，预示这些家马并不是中原地区动物驯化自然发展的结果，而是受到外来影响的产物。从商朝后期的甲骨文看，当时已经出现了掌管马的官员，如"多马亚""马小臣"。这些人可能很多是羌人，甲骨文中有"多马羌""多马羌臣"之称。甲骨文里还出现了"马方"：一个以"马"为名的部落。此时汉藏语分化已久，理论上说，"马"不应该继承自原始汉藏语，而是在这时从某种语言借用。

这些牧马人几乎必然来自西北方向。全世界的家马都是史前时期欧洲野马的后代，亚欧大陆东部的普氏野马并非家马的祖先。全世界最先驯马的是欧亚大草原的牧民，迄今为止最早的家马出现在今天哈萨克斯坦北部的阿克莫拉州博泰地区，时间大约在距今5500年前。然而基因证据显示博泰人的马和普氏野马相关性更大，并非现代家马的祖先。现代家马起源于稍晚一些欧亚大草原更靠西的地方。

在欧亚大草原被驯化后，家马逐渐东传。由于马的驯化极大增强了人的移动能力，家马扩散的速度也相当快。在新疆巴里坤地区的青铜时代，成年牧民的股骨颈部已经广泛出现了长期骑乘磨损出的"假关节"平面，比中原地区商朝马的出现要早得多。欧亚大草原早期的居民中就有说印欧语的先民。今天的英语、法语、俄语、印地语、波斯语、亚美尼亚语、希腊语等均是印欧语，古代新疆的吐火罗语也属于印欧语，无论从地域分布还是人口上，印欧语系都是全球第一大语系。一般认为这可能和印欧人最先驯化马、造出车、冶炼铁并因此获得了巨大的技术优势有关。从常理推断，如果确实是印欧人最先驯化了马，那么其他语言就有可能从印欧语中借用"马"。非常巧的是，英语中就有个和"马"非常相似的词 mare（母马）。

和汉语的"马"相比，mare 几乎只多了一个 r。但是，在足够久远的古代，汉语的"马"也带着 r。

如果你去云南德宏，就可以发现官方机构除了汉字之外一般都有另外三行文字，譬如写到"德宏……"，除了汉字外，还得有：

"ᥛᥫᥒᥰ ᥐᥧᥒᥴ…"

"Sakhkung…"

"Sikung/Sakung…"

这三行除了德宏人以外绝大部分外地人不明就里的文字分别是德宏傣文、景颇文和载瓦文。后两者都是景颇族语言的文字。中国的景颇族说好几种语言，其中以载瓦语最多。载瓦语和阿昌语一样，都和缅语有较相近的亲缘关系，在载瓦语里，"马"是 myang，和阿昌语、缅语相当接近。景颇语则大不相同，"马"为 gumra，而在盈江县和陇川县西境的高黎景颇语中，"马"为 gumrang。其中 gum- 是一个无意义的前缀。显然，无论"马"借用的源头是什么语言，在没有鼻音这一点上，汉语并不孤独。同样不带鼻音的还有在汉藏语中和汉语关系尤其近的大理白语，"马"读 /me˧˧/[33]，也带卷舌音。

正如现代普通话和古汉语的发音差别很大，现代英语的发音相比英语的祖先也发生了非常显著的变化。不过有理由相信，mare 不但古已有之，而且在英语的祖先里发音也差得不算太多。更加不可思议的是，这个词根和汉语"马"的相似性早在 17 世纪末就被人发现了。

数学天才莱布尼茨的语言学研究

1692 年 4 月 18 日，德国的一位律师伏案奋笔疾书。他在急着给朋友写信，在这封信中，他提到一个有趣的小发现，即德语的 Mähre 和汉语的"马"颇为相像。他对此非常感兴趣，迫不及待要告诉朋友。收信的朋友是当时德国著名的东方学家鲁道夫，寄信的律师则是在当时和后世都更加声名显赫的莱布尼茨。

莱布尼茨是个真正意义上的天才，今人熟悉他多数是因为他在数学上的贡献——包括发明了微积分，提出了二进制以及其他许多成就。莱布尼茨聪明绝顶而又精力旺盛，律师生涯和数学研究之外，他对物理学、心理学、国际政治都有涉猎。可能是出于对符号系统的敏感和热爱，他对语言学也有强烈的兴趣。

莱布尼茨从未到过中国，但是对中国文化、中国哲学尤其是《易经》有异乎寻常的浓厚兴趣。他长期和在华传教士通信，其中就有教康熙皇帝几何学的法国传教士白晋。白晋曾经寄给莱布尼茨《易经》中的"伏羲先天六十四卦",莱布尼茨非常高兴,并据此修改写成了提出二进制的论文——《论只使用符号 0 和 1 的二进制算术,兼论其用途及它赋予伏羲所使用的古老图形的意义》。莱布尼茨对汉语的了解,也多来源于白晋,其中就包括"马"是 ma。当然,作为顶级天才,莱布尼茨不会满足于仅仅和德语做比较,他还注意到在以爱尔兰语为代表的凯尔特语中,"马"是 marc,这和日耳曼语的 mare/Mähre 似有关系。

莱布尼茨的时代,现代历史语言学还未萌芽,虽然已有人注意到欧洲和印度的语言有令人迷惑的相似之处,但是印欧语系这个概念尚未出现。今天我们已经知道莱布尼茨的猜想至少在一定程度上是正确的:凯尔特语和日耳曼语同属印欧语,爱尔兰语的 marc 和英语的 mare 以及德语的 Mähre 拥有共同的祖先,在原始印欧语中,这个词被重构为 márkos。

然而随着我们对印欧语系的深入了解,汉语"马"来自 márkos 之说也渐渐暴露出一个不容忽视的问题:作为最早的驯马者,马确实可能是由史前的印欧人传入东亚大陆,但是 márkos 这个词根现代只出现在分布最靠西的两支印欧语——位于西欧的凯尔特语和日耳曼语中。

今天的凯尔特语几乎整个龟缩于不列颠群岛上,包括爱尔兰语、威尔士语、苏格兰北部高地地区的盖尔语以及不列颠和爱尔兰之间的曼岛上的马恩语,在欧陆上则只有法国西部布列塔尼的布列塔尼语。布列塔尼人是 6 世纪从不列颠岛反迁回欧陆的。这些岛屿上的凯尔特语是历史上凯尔特大扩张硕果仅存的遗迹。古凯尔特人发源于阿尔卑斯山北面的中欧一带，罗马早期的劲敌高卢人即凯尔特人的一支。日耳曼人的发祥地则是德国北部、丹麦、瑞典和挪威南部的海岸，总而言之，和东亚大陆堪称是南辕北辙。从历史分布来看，印欧语系最靠东的是新疆的吐火罗语以及在欧亚大草原四处游牧的伊朗语，遗憾的是，迄今为止，并没有发现这两支语言中使用márkos的痕迹。

不过，莱布尼茨信中的另一条信息也非常有意思，他提到白晋在告诉他汉语"马"的读音是ma的同时，也告诉了他满语"马"的读音是morin，他认为满语的morin很可能也是一个相关的词。

在明朝的《华夷译语》中，当时女真语的"马"已经记录为"木力"。女真的祖先发源于白山黑水的密林之中，满语涉及牧业的词汇多和更早适应草原游牧生活的蒙古语有关，而在蒙古语中，"马"是mori（n）。这个词在历史上可以上溯到契丹，辽代契丹语中"马"也是mori。关汉卿的元曲《邓夫人苦痛哭存孝》开头即为唐末沙陀军阀李克用的义子李存信的"米罕整斤吞，抹邻不会骑。弩门并速门，弓箭怎的射？撒因答剌孙，见了抢着吃。喝的莎塔八，跌倒就是睡"。为了贴近沙陀的民族角色，关汉卿让李存信的话中带了大量的蒙古语词，其中"抹邻不会骑"的"抹邻"就是马。

类似的词汇还出现在日本和朝鲜半岛，朝鲜语里"马"

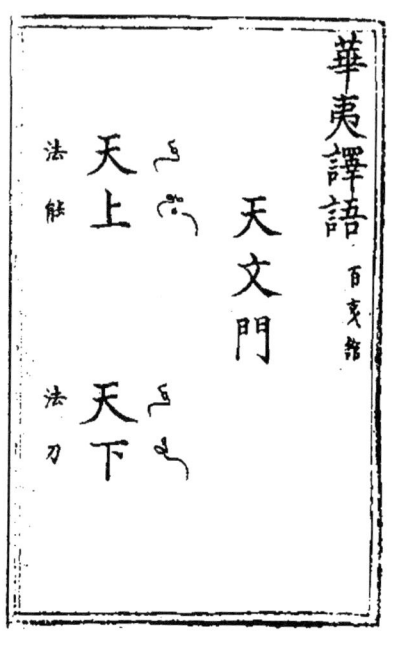

《华夷译语》德宏傣文部分

是말（mal），日语是ウマ（uma）。这些"马"的词汇高度相似，覆盖范围非常广，不大可能是纯粹的巧合，然而它们之间具体是什么关系，至今仍是个谜。莱布尼茨当年显然对这个问题非常感兴趣，他就这个话题写了不止一封信，甚至还从另一位朋友那里求得了鞑靼语（应该指蒙古语）里"马"的说法。然而今天我们在这个问题上实际并没有比300多年前的莱布尼茨前进太多。我们已经知道了东亚大陆的家马来自西北方向，我们知道了最早的牧马者应该是说印欧语的，我们知道了整个东亚大陆从北方草原到东南亚密林的语言

中,"马"的读音都颇为近似,然而这些词到底是谁传给谁,先后顺序如何,中间路径怎样,在有重大的新发现之前,暂时还难以破解。

中国的大熔炉

传承千年的神剑?
不氧化的金
银铜和钱
冶炼技术的诞生
从冶铁学生到炼铁老师

商朝末年，在周武王的率领下，周朝战车在牧野横冲直撞，所向披靡。大势已去的纣王逃回朝歌城里的鹿台，放火自焚。周武王取得了伐纣的最后胜利，他威风凛凛地驾战车驶向鹿台，朝着纣王烧焦的尸体射了三箭。随后武王下了战车，拿出轻吕，刺向纣王尸体，又用黄钺把纣王的头斩下，悬挂在大白旗上。

传承千年的神剑？

这是《逸周书》里对武王伐纣最后阶段的描述。《逸周书》是先秦史籍，主要记录周朝先王的事迹。《逸周书》顾名思义，里面的篇目并未进入《尚书》中的《周书》，传承过程也比较混乱。不过无论如何，其中大部分内容在晋朝就已经成型。

武王伐纣是上古史极其重要的篇章，司马迁的《史记》也对武王伐纣多有着墨。在对细节的描述上，《史记》和《逸周书》几乎一模一样，很可能司马迁写《史记》时手头就放着《逸周书》以为参考。不过总体而言，《史记》中的文句比《逸周书》要容易懂一些，其中就包括《逸周书》里的"轻吕"在《史记》里记为"轻剑"。

如果太史公当年确实是参照《逸周书》的话，显然他觉得"轻吕"不是一般读者容易知道的名词，因此他将"轻吕"改成了"轻剑"。

中国名剑大多名字古怪，上古有传说中的干将、莫邪、湛卢、纯钧、胜邪、鱼肠、巨阙、太阿、工布，汉高祖刘邦斩白蛇之剑叫"赤霄"。然而"轻吕"还是能在一众名剑中脱颖而出，鱼肠、太阿、巨阙之类可能还可以解出意思，但是"轻吕"是何义，以这两个汉字是绝对不可解的。无独有偶，在武王伐纣近千年后，一把名字类似的兵器再次出现，汉使韩昌、张猛与匈奴呼韩邪单于盟誓时，单于用径路刀、金留犁挠酒。这是一种古老仪式，即单于用"径路"和"留犁"搅拌混了白马血的酒，以作血盟之饮。

轻吕、径路一前一后相隔千年，以兵器的正常使用寿命，应该不是武王的剑辗转流传到了塞外，并被匈奴人作为宝刀使用，而是两把不同的兵器用了类似的名字。

2000多年后的今天，你可能会认为，无论是轻吕还是径路，都已经烟消云散，从人世间消失了。但是找到一把"轻吕/径路"可能比你想象得容易很多，你甚至完全有能力很方便地买一把"轻吕"或是"径路"。你只需要去一趟新疆，推开任何一家维吾尔族人的厨房门，拿起主妇们做菜使用的菜刀，然后你手上就有了"轻吕/径路"。在维吾尔语里，你手上的刀叫qingraq，这个词在维吾尔语中并非什么名剑宝刀,而是指"切菜用的菜刀"。

乍一看,qingraq 与"轻吕""径路"似乎有点距离,但是"吕"是个上声字,在上古时代有 /ʔ/ 韵尾。而且普通话里的韵母 ü 有相当一部分在上古时代读 a,譬如汉语的"鱼"在同源的藏文中是 ཉ(nya),在缅文中是 ငါး(nga:)。而"路"在汉朝时很可能有过 /h/ 的韵尾。因此"轻吕""径路"在各自时代的发音和 qingraq 近乎一致,不过这带来了更多的问题。匈奴人到底说什么语言我们至今也不是特别清楚,草原上各个部族很有可能会说不同的语言,现有证据显示,匈奴单于的部落里,匈奴统治者并不说突厥语系的语言,周人当然更不会是说突厥语系语言的,因此轻吕、径路不能如此简单地对应 qingraq。

不过任何一种存在于今天世界上的语言都必然有远古的祖先,虽然突厥语系的语言被记录下来已经是中古时期的事情了,但是在这之前的上古时代,突厥语系的祖先也一定是有人说的。实际上 qingraq 也未必一定得是来自突厥语系,和马一样,刀剑这样涉及技术创新的词汇在一处出现后很容易被获得技术的人群在吸收技术的同时也吸收这种技术的相关词语,因此可以跨越语言界限,在许多并无亲缘关系的语言间传播。只是在汉语中,无论"轻吕"还是"径路"都只是某把特定宝剑、宝刀的专名,而非对某类刀剑的统称,因此更不可能是这个词的源头。

东亚大陆是人类文明的摇篮之一。中国人的祖先在历史上有过无数的发明创造,为人类文明贡献良多。然而在金属技术冶炼方面,古代东亚大陆却经常扮演后发学习者的角色。

大部分人类广泛使用的金属都有个严重的问题:随着时间推移,金属会慢慢发生氧化反应,导致变性,也就是俗称的"生锈"。

氧化反应是个客观的化学反应,早在人类出现在地球上之前,地球上的金属就已经经历了几十亿年的氧化反应。因此当早期人类想要利用金属时,一个重大问题就是如何把已经氧化的金属氧化物再还原回去。

不氧化的金

当然,也不是所有金属都有这个问题。金的化学性质极其稳定,很难氧化,因此自然界中存在大块的狗头金,是无数寻宝者梦寐以求的东西。如果没有那么好的运气直接捡到狗头金,还可以去有金矿的河流附近淘金,把泥沙中混杂的细碎黄金慢慢淘出。正是因为金不会生锈变性,所以自古以来,金灿灿的金子始终是一个人财富的象征,无须冶炼即可获取的金也是人类最早使用的金属之一。

公元982年,敦煌迎来了一位来自于阗国的使者。此时的于阗王国是塔里木盆地南侧的重要经济文化贸易中心,是天山南麓最强盛的政权之一,与敦煌的关系尤近。此时于阗的主要居民是说古伊朗语的于阗人。然而奇怪的是,使者名叫"张金山",用的却是汉人的名字。

于阗人用汉名本来也不算稀奇,由于大唐强大影响的余晖,于阗上层人物普遍也有汉名,如于阗名王尉迟僧乌波就有汉名"李圣天"。这位于阗使者张金山在敦煌参加了一些佛事活动,并撰写了一篇燃灯文。

我们并不知道张金山在敦煌待了多久。不过当张金山启程离开敦煌时,他似乎漏了一样东西。

古代的印度曾有一本名为《医理精华》的医书。这本医书影响很大,吐蕃时期被翻译成藏文,而曾长期受吐蕃控制的于阗又把它翻译成了于阗文。不知是由于敦煌人想要一本《医理精华》还是几百人的使团难免有人出现一些意外病痛,需要及时医治处理,总之,当张金山来到敦煌时,他的随身行李中就携带了于阗文版的《医理精华》。当张金山离开敦煌时,他并未将《医理精华》带走,而是留在了敦煌。仅仅20多年后,随着敦煌归义军的内乱、信奉伊斯兰教的黑汗王朝攻灭于阗、兵锋东指等因素让敦煌人异常惶恐。他们决定把经书藏在莫高窟中一个经过掩饰的洞穴中。在随后的近900年时光中,这些经书就安静地躺在藏经洞里,无人打扰,而知道藏经洞秘密的人早已谢世,直到1900年被意外发现。

在这份于阗文《医理精华》的最后一页,张金山用粟特文签下了自己的名字:Cw Kym- š'n。粟特文是当时西域非常通行的文字,因此无论张金山族属如何,他都可能用粟特文拼写自己的名字。但是从拼写形式来看,粟特文拼写的就是

"张金山","张金山"就是于阗使者张金山的本名而非为了方便才起的汉名。他就算不是一个汉人,至少也是汉化程度高到用汉语起名了。

我们甚至可以确认张金山说的话是当时的西北方言,此时西北方言中 ang 已经变成了 o,按照粟特文的拼写规律则会拼成 w。今天这样的读音仍然保留在山西、陕西两省黄河晋陕大峡谷壶口瀑布以下河段两岸各个县市中。在这些县里,普通话的 ang 往往读一个没有鼻音的韵母。在山西临汾话里,"桑"读 /sɔ²¹/,而在黄河对岸的陕西大荔,"黄"读 /xuo²⁴/。由于现在敦煌的人口是清朝康熙末年以后重新迁入的,并没有这个当年的西北方言特征。然而在文献中保留下来的敦煌唱词里,却有"辞父娘了,入妻房,莫将生分向耶娘,君去前程但努力,不敢放慢向公婆",出现了"房""婆"押韵。

我们也可以确认,当时的"金"拼写为 Kym,以 -m 收尾,今天在福建的闽南语中,"金"仍然读 kim,和粟特文的拼写近乎一致。

另一份拼出中古时代"金"读音的文献同样来自敦煌,出自一卷藏文佛经。

敦煌于 781 年被吐蕃占领。842 年,反对佛教的吐蕃赞普朗达玛被佛教僧人刺杀,吐蕃随即陷入巨大的混乱之中。吐蕃大将论恐热一度得势,自称宰相。吐蕃驻扎河西的鄯州节度使尚婢婢不肯服从论恐热,两人多次交战。848 年,敦煌土豪张议潮率众起义,敦煌复归唐朝。

接近 70 年的吐蕃统治给敦煌带来了巨大的藏文化影响。在这 70 年间,敦煌成为吐蕃的佛经抄写中心之一,抄写员大多是敦煌当地的汉人,但是却是用藏文抄写。而这几十年间吐蕃在河西的重要影响力并没有随着吐蕃的崩溃而立刻烟消云散,之后一段时间内,藏文在敦煌仍然非常流行。尤其是涉及佛教的内容,更是常用藏文书写。

在敦煌出土的文献中,就有一部藏文版的《佛顶大白伞盖陀罗尼经》。这部经书在中原并不算知名,汉文版本甚至是元朝才翻译的,但却是藏传佛教的重要经典。在抄完这部经书之后,抄写者可能对自己的藏文书法功力非常自豪,因此在经书最后签下了 མེང་ཧྭའི་ཀྱིམ་གྱི་སུག་བྲིས (Meng Hwa'i kyim gyi sug bris),意为"孟怀金之手书"。其中前三个音节是抄写者的名字,显然这并非一个藏族的名字,而是一个习惯用藏文的敦煌汉人用藏文写了自己的名字。

签有"孟怀金之手书"的藏文抄卷

"金"在上古中古汉语中都以 -m 结尾,在中国境内的汉藏语中,几乎很难找到汉语"金"的同源词,然而又一次,我们可以在喜马拉雅山南麓找到"金"的踪迹。

印度米佐拉姆邦的米佐人实际上是个跨境民族。米佐人和一些近亲民族主要居住于缅甸西北的钦邦和印度、孟加拉交界地区。今天,这些高地居民被国境线分割在三国,历史上,这些高地居民被周围低地的掸族、缅族、若干族、曼尼普里族政权环绕,但是低地政权很难对高地进行有效统治,因此这片高地始终是外界难以触及的领域。在缅甸钦邦的梯顶镇以南地区的高地语言里,"金"称作 /khem[53]/,和汉语的"金"完全对应。

事实上,汉语"金"在东南亚的使用范围非常广,但是主要并不是依靠喜马拉雅山南麓的亲属语言,而是依靠中古时代从中国迁出的侗台语人群。

在云南孟连县城的山上,有一座气势不凡的宫殿——孟连宣抚司署,这是660年间滇西南大土司孟连办公的地方。这座宫殿结合了汉式宫殿和傣式干栏式建筑的风格,雕梁画栋,是云南保存最好的旧土司衙门之一。这座宫殿傣名"贺罕",如果用德宏傣文写就是 ၐჂဝင ခမႃ/ho^{24} xam^{45}/,意思是"金殿"。和汉语不同,傣语习惯把中心词放在前面,所以 ၐჂဝင 是"宫殿",而 ခမႃ 则是"金"。这座宫殿对于"孟连土司"来说非常重要,清朝的从四品大员,滇西南曾经的世袭统治者"孟连宣抚司"在傣语中被称作"召贺罕",意即"金殿主"。

事实上,来自汉语的"金"在壮侗语非常常用,被当作吉祥的名字，广泛用于人名、地名和其他名字。在泰语里"黄金"是 คำ（kham），在老挝语中是 ຄຳ（kham），均为汉语借词。

中国西南角的瑞丽位于瑞丽江北岸，瑞丽江南岸则是缅甸的南坎，"南坎"是掸语 ၼမ်ႉၶမ်း（nam. kham:）的翻译。历史上南坎本属中国，是富饶的勐卯三角地的中心城市，1894年勐卯三角地被英国强行"租借"，后变为英属缅甸的一部分。南坎至今与中国德宏州的城镇，尤其是芒市和瑞丽保持着密切的经济往来。瑞丽和芒市作为旧时的傣族土司所在地，都有每隔5天赶集一次的习俗，传统上一般为逢丙日和辛日举办，在当地称为"街子"。每逢街子天，就会有南坎商人带着缅甸食品、布料进入，而在街子上也会有南坎来的披着绛红袈裟的僧人托着银钵化缘。瑞丽由于地理距离更近，更是有大批南坎人长居或者每日摆摊卖小吃。"南坎"在傣语中意思是"金水"，来源于瑞丽江的古称"大金沙江"，巧合的是，"瑞丽"的缅语名 ရွှေလီ（hrwe li）的首音节也是"金"的意思。

然而这尚不是我们能追溯到的缅文最初的状态。不要忘了，除了汉文和藏文，缅文拥有汉藏语系中最久的文字（彝文等虽然可能起源更早，但目前存留的最早文字不如缅文古老）。在接近1000年的缅文使用中，就算是保守的书面缅文，也在渐渐发生变化。

我们所能见到的最古老的缅文来自缅甸蒲甘王朝时期。

当缅人从云贵高原南下伊洛瓦底江后,他们在今天缅甸中部的蒲甘建立了都城。在这里,他们成为了极其虔诚的佛教徒,在蒲甘兴盛时期,缅人在蒲甘城和周围兴建了4000多座寺塔庙宇。它们中的大部分成功抵御了千年的时光侵蚀,至今仍矗立在干燥的蒲甘平原上。近年蒲甘成为缅甸旅游最重要的景点,其中一大游乐项目就是在清晨乘坐热气球升到蒲甘上方,观赏薄雾中的千塔之都。

在蒲甘众多佛塔中,有一个被称作"妙齐提"的佛塔。妙齐提(မြစေတီ)即缅甸语"翡翠塔"的意思。在蒲甘的佛塔中,金顶白身的妙齐提塔算不上最雄伟壮观或者装饰最精美,让它能够脱颖而出的是在妙齐提塔附近发现的石碑。妙齐提碑镌刻于1113年,是个四方锥形。在碑体的四个面,分别刻着当时蒲甘王朝最重要的四种文字:北方的骠文,南方的孟文,作为古典语言的印度巴利文,新兴的缅文。

这是缅文写就的最古老的石碑,碑刻主要是讲述当地某位领主给国王献金佛的事。因此我们有机会看到当时的缅文"黄金"的拼法。在妙齐提碑中,"黄金"的写法是ရွယ်(hruy)。

黄金在东亚上古时代并不是很常见。比起可以用黄金打造法老内棺的古埃及来说,东亚可说是贫金地区。虽然早在商朝,中国就已经有了黄金制品,但是从未发现有人舍得用黄金来打棺材。由于黄金在古代东亚尚属于稀有物事,上古东亚大部分人对黄金或许并不算特别熟悉,相应的,在汉藏

蒲甘妙齐提碑孟文碑面（局部）

语中，对黄金的称呼也有比较大的分歧。缅语的"金"和汉语藏语都无关系，但是在汉藏语系中，缅和彝是相对比较接近的两支，二者共享许多词汇，"黄金"也是其中一个例子。在凉山的彝语中/ʂɿ³³/同样既表示"黄金"，又是表示"黄色"的词根。

纯的金属大多有特殊的金属光泽。然而在冶炼技术并未诞生的时期，绝大多数金属都以化合物的形式存在，自然界中无需冶炼即以金属单质形态存在且极富光泽的金属只有金比较常见。黄澄澄的金子对上古人来说无疑是非常显眼的。在藏文中，"黄金"为 གསེར（gser）。和彝族一样，古代的藏族人大概是注意到了黄金的颜色，藏文中 སེར（ser）就是"黄色"的意思。而在滇西峡谷的独龙族语言中，"头发黄"和"黄金"是一个词 /sɛr⁵⁵/。

有意思的是，汉语中也有 gser 的同源词：铣。今天的"铣"是个较为生僻的汉字，但是在上古时期，"铣"却是黄金的早期称呼。根据《说文》解释，"铣，金之泽者"，光亮的金属叫"铣"。上古人能接触到的光亮金属最主要的就是黄金。上古时期"金"曾经泛指一切金属，而当需要专门区分黄金时，就可以说"铣"。然而要想在"铣"和 གསེར 之间建立联系，还存在一个小小的问题。中古以来，汉语并没有藏文的 -r 韵尾，可汉语的"铣"是以 -n 为韵尾的。

如果对之前天干地支的故事还有记忆，一定会记得汉语中一部分 -n 韵尾的读音在上古时期可能曾经有过 -r。事实上，一直到汉朝，这个 -r 到底要变成 -n 还是 -i 仍有所摇摆。东汉人高诱的《吕氏春秋注》里就有"今兖州人谓殷氏皆曰衣"。在东汉时期，今天山东西南到河南东北一带的方言把上古的 -r 读成 -i。如果你现在去山东河南交界处一带询问，恐怕会一无所获，这种方言现象在上古以后就已经消失，而语言一旦消亡就极难复原，只有书籍中的只言片语能让人窥得一鳞半爪。

银铜和钱

整个东南亚北部地区涉及金属的词差不多都在用汉语借词。越南人把"金"称作 vàng，实际上是汉语"黄"的古借词。属于汉字文化圈的日本和韩国更不必说，而且这种借用远远不限于黄金一种金属，如越南语中"银"称为 bạc，即来自汉语的"白"。

与黄金一样，中国古代产银量也不算很高。同属东亚的日本盛产白银，日本西部岛根县的石见银山产银量一度占全世界产量的 30%，然而那是近古时代的事。

远古时期，白银也属于难得一见的稀罕物事。而且与黄金可以天然存在不同，自然界的银几乎都是以化合物形式存在，纯银相当少见，需要通过冶炼矿石获得。在古代中国，白银一般作为奢侈品出现，以货币形式流通要起自唐朝，直到明清时期才成为主要的货币。

但在这种情况下，东南亚不少语言仍然借用了汉语的"银"。

今天如果去泰国普吉等热门旅游地旅游，有非常大的可能被无所不在的推销小贩缠住，推销的东西从按摩、滑翔伞、青草膏、太阳镜到旅馆和出租车，无所不有。一般来说，就算用英语回答也很难摆脱小贩的纠缠。如果说 ตอนนี้ไม่มีเงิน（ton ni mai mi ngoen）可能会有效得多，这句泰语的意思是"现在没有钱"。其中"钱"就以 เงิน（ngoen）表示，这是借用汉语的"银"表示"钱"。"银"在汉藏语中分布极其广泛。藏文中"白银"为 དངུལ（dngul），在缅文中为 ငွေ（ngwe），而在古代缅文中是 ငွုယ်（nguy）。在贵州龙家人的语言里，"银"是 /ŋui⁵⁵/，和古缅文近乎一致，在古代汉语中，"银"的韵尾很可能并不是 -n。从中国大部到中南半岛大部，人们对白银的称呼非常一致。

在很多语言中，白银和钱都有着密切的联系。作为贵金属的一种，世界范围内，古代用白银充当货币是最常见的。相对黄金来说，白银的储量更加丰富，能够避免由于货币不足带来的通货紧缩问题，但又足够稀有，不至于泛滥成灾。然而古代东亚大陆贫银的问题让古代的中国人不得不寻找其他铸造货币的材料。此时，早已用来铸造各种器皿的铜就成了不二之选。尽管今天中国的货币体系已经不再以铜币为主角，很多方言里提到钱仍然习惯性地说"铜钱"。

越南的货币，由于历史上较为严重的通货膨胀问题，今天越南盾的币值比较低，吃一碗粉就需要几万越南盾。如果注意观察，所有的越南货币，无论是纸币还是硬币上都会有 đồng。这是越南货币单位，就像中国的"圆"一样。中国称呼越南货币的"盾"就来自于这个单位。不过 đồng 和"盾"并无关系，这个词在越南语当中除了"钱"以外还有"铜"的意思。实际上 đồng 就是汉字"铜"在越南语里的读音。

越南的邻国老挝最有名的旅游景点是位于老挝北部的琅勃拉邦古城。和中国丽江类似，琅勃拉邦以其闲适的气氛和略带神秘色彩的独特文化景观吸引着大量游客。不过较少有人知道的是，琅勃拉邦实际上并不是这座城市的本名。琅勃拉邦是一尊佛像的名字，这尊佛像是14世纪高棉作为礼物赠送给当时的澜沧王国的，由澜沧王国开国君主法昂带来，是佛教进入老挝的标志性事件，为老挝国宝。因为佛像被带入了琅勃拉邦，这座城市竟然跟随佛像改名了。

早在琅勃拉邦佛被请入城市之前，琅勃拉邦就已经存在。今天琅勃拉邦有一座著名寺庙叫"香通寺"，是琅勃拉邦的主寺，它保留了城市的旧名"香通"（ຊຽງທອງ/Xiang Thong）。"香通"可以拆成两个部分，"香"和泰国"清迈""清莱"的"清"，中国"景洪"和老挝"景栋"的"景"实际上是一个词，都是借自汉语的"城"。这五座城市中，清迈是"新城"，清莱是"莱（人名）城"，景洪是"黎明城"，景栋是"平坝城"（云南景东县地名来源相同），它们是云南最南端到中南半岛中北部传统上最重要的五座城市。"通"则是指"黄金"，"香通"就是"金城"的意思。

ທອງ（thong）在老挝语中是"黄金"的意思，来自汉语的"铜"，然而刚才已经提到老挝另一个表示"黄金"的词 ຄຳ（kham）是借自汉语"金"。泰语、老挝语等语言借用了汉语的"铜"后既可用来表示"黄金"，也可以用来表示"铜"。如果要专门表示"铜"这种金属，老挝语（以及泰语）则要说 ທອງແດງ（thong dèng），意即"红铜"。这种"以铜表金"的习惯甚至蔓延到了更靠南的柬埔寨。柬埔寨的高棉语"黄金"为 មាស（tông），"铜"为 ទង（tóng），两者都是借用汉语"铜",只有长短音上的细微差别。

泰语、老挝语这种用一个词兼指"金铜"的方式对于中国人来说并不陌生。上古中国语言里"黄金"和"铜"不大区分的情况非常明显,青铜器上的铭文向来称之为"金文",这里的"金"就指"青铜"。相当一段时间内,各类金属都有用"金"代称的可能,这也是为何会出现用"铣"特指黄金的原因。哪怕是到了元明时期,湖北武当山、云南鸡足山、山西五台山上仍然修筑了铜质的"金殿"。只不过在古代中国,较为常见的是"金"指代"铜"和其他金属,而非"铜"指代"黄金"。中南半岛从中国借去"金""铜"之后发生紊乱可能是自身语言演变的产物,在中国的德宏傣语中,"金"和"铜"的区分就要清楚一些。

冶炼技术的诞生

中国话里的"金""银""铜"能够在东亚范围内有如此巨大的影响,主要是依靠在古代东亚领先的金属冶炼技术。

当下随便走入中国一家稍上档次的博物馆,都可以看到大量的青铜器。在上古时代,青铜是最重要的金属,古代贵族家庭无论是日常使用的食器、饮器还是仪式使用的礼器都普遍使用青铜制作。

相对于稀有的黄金和白银,中国有着相当丰富的铜矿资源。古代中国的铜矿主要产自三块区域,长江中下游湖北到江苏宁镇地区;山西南部中条山地区;西南川滇地区。这些矿带中会有一些纯铜存在，让先民对铜这种材料有一定的认识。

然而铜矿中大部分铜仍然是以氧化物和含硫化合物的形态存在。想要有效利用铜，则必须将矿石冶炼为铜，含硫矿石可以通过焙烧转化成氧化铜，然而氧化铜再要冶炼成纯铜则会有一个巨大的技术瓶颈。纯铜的熔点为 1083℃，这是冶铜技术需要满足的前提之一，如果露天堆火焚烧，几乎不可能满足高温条件。而且作为金属氧化物，氧化铜矿石必须能够还原成铜才可以继续利用，这又必须要有一氧化碳之类的还原剂，在露天焚烧、氧气充分的情况下，很难产生足够的还原剂并和金属氧化物发生还原反应。

此时，古中国的另一项先进技术烧陶就发挥了作用。为了烧出更加坚固结实的陶器，华夏先民逐渐开发出了越来越复杂的陶窑。这些陶窑在较为封闭的空间中加热，并且可以控制供氧量，因此可以提供高温和还原性气氛。依托中国古代的陶器烧制技术，我们的祖先在很久远的年代就懂得利用高温和还原性气氛，可以把氧化铜矿石还原为纯铜，即 $CuO+CO=Cu+CO_2$。

在上古中国，金属冶炼可能是一场意外的产物。在某个陶窑中，一位好奇的古人在烧窑前放进了一块铜矿石。窑开之时，在烧好的陶器旁边，出现了一块红彤彤的铜块。而后，伴随上古先民冶金知识的增长，人们发现把铜矿和锡矿按照比例混合冶炼出的青铜不但熔点低（800℃左右），而且强度更高,人们开始有意识地冶炼这种合金——青铜。

从上古一直到汉朝,青铜始终是中国最重要的金属材料,不但日常器皿和利器需要用青铜,葬礼用的明器也需要青铜,兵器也以青铜制作,甚至交易用的铜币也使用青铜。然而如此久长的青铜时代却暗藏了一个危机——中国乃至东亚的冶金技术在很大程度上出现了技术停滞,在长达2000多年的时间内,金属材料技术突破性进展较少,尤其是冶铁技术,相对同期的中东、欧洲严重滞后。

目前全世界最早的冶铁出现于近东地区。死于公元前15世纪的古埃及法老图坦卡蒙的墓中出土了一把铁质的匕首。这在当时是极端稀有的金属,然而这并不是冶金技术的产物,铁实在太容易氧化了,未氧化的天然铁一般只会由天外来客陨石带入地球。

可能是受陨铁启发,近东地区,尤其是现在的土耳其安纳托利亚地区开始出现冶铁。

这是一次技术上的重大突破。铁的冶炼远远比铜要难。铁矿并不是什么稀罕的东西,但是冶铁需要的工序和条件比冶铜要复杂得多。以常见的菱铁矿为例,这是一种铁的碳酸盐矿物 $FeCO_3$,加热之后分解为氧化铁和二氧化碳,即 $FeCO_3 = FeO + CO_2$。

此时熔炉中已经有了氧化铁。理论上说,下一步和冶铜差不多,也是通过高温和还原性气氛将氧化铁还原为铁,即 $FeO + CO = Fe + CO_2$。不过此时,就会面临严重问题——冶铜时还原完成的铜会化成铜水,杂质会分离,浮在铜水上,可以倒掉。然而铁的熔点高达 1538℃,远远高于铜。就算还原反应可以进行,烧出的也是一块充满矿渣杂质、无法使用的烂铁块。

解决这个问题的方法是反复捶打烧热的铁,把杂质捶出。这是一项非常消耗体力和燃料的工作。在今天一些农村地区,仍然可以见到铁匠叮叮哐哐打铁的声音,不过当今铁匠打铁一般不用从铁矿石开始锻打。

这样的锻铁质量未必能比青铜更好。与铜一样,铁与其他元素结合的合金具有比单纯的铁更好的性能。然而铁合金与青铜不同,青铜合金相对容易掌握,只要知道合理的铜锡配比即可方便生产,这是一种可以教授学习的技术。高质量的铁器则是铁碳合金,也就是钢。然而和特意添加的锡矿不同,碳元素的主要来源是冶铁时的燃料,人类对钢的化学成分的了解得要到 19 世纪,现代科学的发展才使得我们能够认识到碳含量对钢铁性质的影响。

在铁器锻造过程中,添加燃料、炉内燃烧情况以及锻打都会让碳的含量发生改变。纯铁比较软,随着碳含量提高,硬度也会逐渐升高,然而当碳含量超过 1% 后,合金会变脆。在现代科学诞生之前,这全靠铁匠个人的经验技术。就算是再好的铁匠,制作铁器过程中的各种不可控因素仍然会导致质量上的参差不齐。

大约公元前 1100 年,某个铁匠发现把烧红的铁器放在水里淬火可以提高硬度；若干年后，又有铁匠发现把淬火后的钢铁回火再放凉可以解决钢材脆而易断的问题。至此，古代冶铁技术才基本成熟。高温技术的提高又使得加工大型铁器变得相对容易，然而冶铁仍然是个需要很高技术能力的活儿。冶铜只要控制好几个关键技术，成品质量就有比较好的保障，冶铁则流程长，而且需要人工干预的步骤多而繁杂，铁匠的水平经验不同，锻打出的铁的质量也就千差万别。

此时铁器的加工中心转向希腊，铁器最先在希腊广泛取代青铜器。大约公元前950年开始，东地中海地区铁器的使用开始超过青铜器，此时铁制兵器的质量已经明显领先青铜，随后铁器的使用向东西方向扩散。由于冶铁技术流程复杂，世界其他地方并没有独立开发出冶铁技术，而是学习了起源自东地中海的冶铁科技。

从冶铁学生到炼铁老师

古代的华夏人展现了极其惊人的学习能力。学到了冶铁术后，他们很快完成了技术升级，并且在冶铁技术上实现了反超。拜烧陶技术的快速进步所赐，古代中国一直有着非常领先的高温熔炉技术。当铁碳合金的碳含量高于2%时，合金的熔点会降低，东周早期中国的熔炉已经可以达到这种合金的熔点，这使得华夏先民可以像铸青铜那样用融化的铁水浇铸成型为铸件，即生铁。生铁碳含量较高，非常硬脆，于是战国早期中国又出现了把生铁退火脱碳来提高柔韧性的柔化技术。西汉年间，中国又发明出了可以提供稳定气流的鼓风机，从而在铸铁技术上遥遥领先亚欧大陆西面的文明。

尽管如此，中国普及使用铁器的时代相对东地中海还是晚得多。东地中海地区的铁器在公元前950年左右就开始占据优势，而中国进入铁器时代可以说晚得惊人。虽然从战国时代开始，中国冶铁技术已经有了很大的进步，但是即便是用作兵器的铁器产量也不足以装备所有兵员，兵器仍然长期以青铜器为主。铁器占据军用和民用的主导地位大约是秦汉之际，比起地中海东岸地区足足晚了700年。

可以说，古代华夏某种意义上说是非常幸运的。铁器普及对武器技术进步有着极大的影响，如果一个文明在其他文明进入铁器时代后没有迅速跟上步伐，则很难逃脱被其他文明征服的厄运。然而东亚大陆是个相对独立的地理单元，塔里木盆地的漫漫黄沙和青藏高原的广袤雪域确保了东亚大陆和亚欧大陆其他地区的相对隔绝。在现代社会之前，几乎不可能有大规模的军队通过这些地理上的天然屏障从西边攻入东亚大陆。事实上，也确实没有征服者做到过这一点。而后来中原的铁器技术很快弥补了之前的代差，甚至可以反向输出到新疆地区。

尽管发展过程坎坷不易，但是古代华夏人仍然是东亚大陆最先掌握铁器、进入铁器文明的人群。中原政权长期试图控制铁的播散，尤其是对北方劲敌匈奴，更是三令五申严禁出售铁。然而就如当年铁器的西风东渐，禁运令只能筑成临时性的技术壁垒，可挡一时不可挡百世，铁器最终还是从中原向东亚大陆各处扩散。面对这种光亮坚韧的新材料，东亚大陆上的各人群多选择了从汉语中借用"铁"的名称。

"铁"在藏文中是ལྕགས（lcags），泰文中是เหล็ก（lek），广西上思的壮语中是/lik5/，甚至苗瑶语中也使用了类似的词汇，如广西金秀龙定的瑶语中是/ɬje55/，而海南岛五指山区的黎语中是/ɬe:ʔ55/。也就是说，在古代华夏人居住的西面、西南面和南面的一些并非近亲的语言中，"铁"的发音都相当相似。然而这些词和汉语的"铁"并不是很相似，它们一般都是以 l 为声母，以 -k 为韵尾。而汉语的"铁"，如果追溯到中古时期则读音为 *thet，与这些周边语言粗看起来并不特别相似。

这些语言实际上并不相邻，我们也很难想象青藏高原上的居民在古代可以直接与广西或者贵州的古人有直接的接触。况且这些地区的铁器和冶铁技术的完善比中原要晚得多，铁器和冶铁技术仰赖中原地区传入，这些语言中的"铁"围绕着汉语形成了一个地理上的半包围圈，这很难归咎于偶然现象。要破解汉语"铁"的读音问题，我们必须提及这个半包围圈的重要一环——越南。

作为汉字文化圈的一员，几乎每个汉字都可以用越南语读出，这些汉字的越南语读音称作"汉越音"。汉越音大多是唐朝时引入越南的，当时越南北部曾是中国的州县，读书人也一样参与科举、诵读古代经典，因此产生了一整套用来读汉文的读音。在汉越音中，"铁"读 thiết，基本保留了中古后期的汉语读音。然而 thiết 并不是越南语日常表示"铁"的词汇，在越南语中，"铁"这种金属常用的说法是 sắt。

越南的金属冶炼技术全盘来自北方的中国。尤其铁制品，早期更是严重依赖从中国进口，即便当中原冶铁技术南传后，本地铁制品仍然不敷使用，需要从中原进口。汉初吕后临朝听政时，甚至由于禁止向当时控制越南的南越国出口铁器引发了南越国的激烈反应。南越王赵佗自立为南越武帝，并发兵攻打长沙，破数县而去。

由于越南金属冶炼技术起自中国，涉及金属冶炼技术的词汇几乎尽为汉语借词。所不同的是，这批词汇的借入时间远在上古时代，所以读音和唐时借入的汉越音多有不同。前面已经提到，越南语"金"、"银"、"铜"分别是汉语的"黄"（vàng）、"白"（bạc）、"铜"（đồng）。其中"黄"、"白"的汉越音分别为 hoàng、bạch，"铜"的读音与汉越音相同。越南语同时也借用了汉语的"钢"，在表示"生铁"时读 gang，汉越音"钢"则读 cương，前者借入时间比后者要早得多。

事实上，越南语金属制品和冶炼技术的词汇几乎都是大约汉朝时进入越南语的。"熔炼"在越南语中说 rèn，汉越音"炼"则是 luyện。金属制品中，"锯"说 cưa（汉越音 cứ），"镜"说 gương（汉越音 kính），"剑"说 gươm（汉越音 kiếm），"刀"说 dao（汉越音 đao）。古代这些金属物品被贩到越南后，当时的古越南人并不知道如何称呼这些物品，就学着卖货人的汉语叫法称呼这些新奇玩意。可以说,越南的金属冶炼技术和术语都是来自中国,因此很难有理由认为,越南语中"铁"(sắt)的发音是个例外。

幸运的是,我们可以通过其他材料来揭开越南语"铁"(sắt)的秘密。

在改用拉丁字母前,越南古代使用由汉字发展出的喃字书写越南语。喃字是借用汉字以后,按照汉字传统的六书造字法再造一些自己的字以表达越南语自己的词汇。如越南语中表示"说"的 nói,喃字写法为"吶",当作形声字来使用。这种做法在古时南方非常常见,广西的壮族地区也有类似原理的古壮字。

越南官方长久以来都以汉字为正式书面文字,喃字流传于民间,也并无标准规范,处于自生自灭的状态,因此喃字的早期历史不是非常清晰。最早用汉字写越南语的尝试起于唐朝,但是当时只是零星几个词,并不能长篇、系统地书写。13 世纪以后喃字逐渐成型,可用来书写大段越南语。

最有意思的喃字文献恐怕出自一本佛经《佛说大报父母恩重经》。《佛说大报父母恩重经》在中国更常见的版本称为《佛说父母恩重难报经》,号称由姚秦年间著名的龟兹译师鸠摩罗什法师翻译,但是一般认为它其实是佛教传入中国后受到中国孝文化影响而产生的一部本土佛经,即所谓"疑伪经"。

越南版的《佛说大报父母恩重经》是一本双语对照版经书,正文是正常的汉文佛经,而在每行汉字的右侧则是喃字

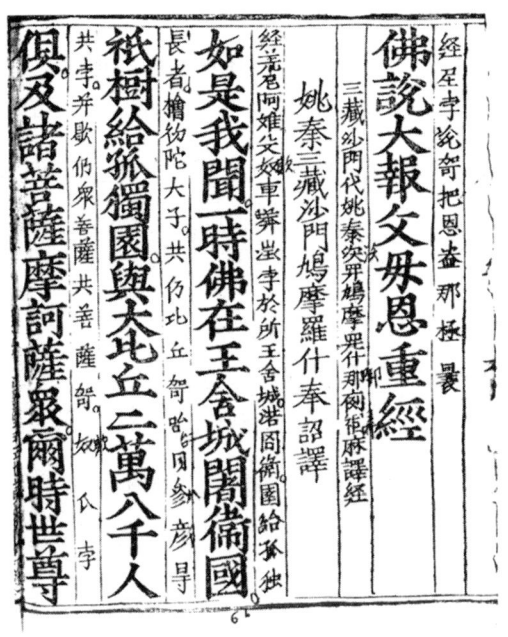

越南版《佛说大报父母恩重经》

写的越南文。遗憾的是,由于作品首页散佚,并没有留下关于这本佛经何时翻译、出版的信息,因此目前并不能完全确定越南语版《佛说大报父母恩重经》是什么时候的文献。不过可以肯定的是,不管是谁翻译了越南语版的《佛说大报父母恩重经》,他说的越南语都比绝大多数使用喃字的越南人要古老保守。

越南语和汉语很像,大多情况下一个语素是一个单音节。但是在《佛说大报父母恩重经》里面,多次出现了一个汉字用两个喃字翻译的情况(后文括号中为喃字所使用汉字的汉越音)。如"念"的喃字是"可汝"（khả nhớ），"蛇"的喃字是"破散"（phá tán）。在现代越南语中，这两个字分别说 nhớ 和 rắn。"铁"也属于这样用两个喃字翻译的字，在喃字中写为"可列"（khả liệt）。在当今越南主体民族京族说的越南语中，这个现象无法得到解释。长久以来，越南人也一直对为何这本佛经中喃字的使用和其他喃字书籍大相径庭而困惑不解。

解谜的转机出现在越南西部的山区之中。越南中北部的广平省面山靠海，从海边到广平西部长山山脉和老挝的交界处仅有 40~50 公里，是南北狭长的越南最窄的一段。由于地形多山，以越南的人口密度来说，广平省相对人烟稀少，而且居民大部分集中在海岸。省内最大的河流净江流域上游的明化县和宣化县更是人迹罕至。在这两个位于山区的县份中，生活着不到一万名哲族人。

20 世纪中期以前，哲族社会发展程度极低。部分人群还住在山洞中，处于原始社会状态。只有部分部落会一些刀耕火种式的原始农业，其他部落则全靠打猎采集维生。对于平地上早已进入文明社会几千年的越南人来说，哲族一直是传说中的野人。直到 20 世纪中期，越南人才开始对哲族有一定的了解。

通过研究哲族的语言，研究者惊异地发现哲族实际上和越南京族同根同源。非但如此，哲族的语言在很大程度上保留了越南语的原始状态，甚至比北部山区的芒族语言更加保守。在历史上的越南人发展出复杂的文明时，不知出于何故，距离平地不过几十公里的哲族却意外被文明所遗忘，停滞在半原始社会，竟然在几千年中几乎没有受到外界变化的影响。在哲族的语言中，"想念"为 /kənə:³⁴/，"蛇"为 /pəsiŋ³⁴/，基本符合《佛说大报父母恩重经》中的喃字写法。而"铁"在这种语言中则是 /khlat³⁴/，而在泰文中拼写为 เหล็ก，ห 表示 h，也就是说，如果论拼写，泰文其实把"铁"拼为 hlek。因此哲语的发音和藏文、泰文、壮语、瑶语和海南黎语都相当接近，越南语的"铁"（sắt）只是后来剧烈音变的产物，其最终来源仍然是汉语的"铁"。

在这些多样的语言中，"铁"的核心特征都是带有 l 或者近 l 的声母。中古以来的汉语"铁"和 l 难以沾上关系。然而，一些证据说明，中古汉语的 th 至少有一部分来自和 l 有关的音。譬如中古汉语"贷"声母为 th，声旁为"弋"。而早在《汉书》中，中国人把一个在今天阿富汗南部的国家称作"乌弋山离国"，所谓"乌弋山离"，得名于亚历山大大帝东征时在此地建立的一座以自己为名的城市 Αλεξάνδρεια（Alexandria）。汉朝的中国人翻译时就把 lek 用"弋"来翻译，说明当时"弋"的声母尚近 l，而以"弋"为声旁的"贷"，其声母也不会和 l 相差太多。泰文拼写的 hlek 很可能由于借用很早，保留了古代汉语的读音。贵州龙家人的语言里，"铁"就是 /ɬei³³/。

事实上，贵州水族的语言几乎可以在一定程度上重演

"铁"字读音的变化过程。贵州三都县南部塘州乡的水语中"铁"是/qhət⁵/，一山之隔的三洞乡是/ɕɪt⁵/，再向东南的九阡镇是/tɕʰet⁵/，县城北面交梨乡是/hjət⁵/，南边几十公里外，荔波县城东边的水尧乡是/khət⁵/，而在这片区域西边几十公里的独山县卡蒲乡的亲属语言佯僙语中，"铁"读/let⁵/。在黔南三都、荔波、独山仅仅三县的方寸之地内，整个东亚大陆几千年来"铁"字的语音演变几乎浓缩于此。

然而这并不是故事的全部，虽然汉语的"铁"在东亚大陆中南部近乎所向披靡，但是在云贵高原和川西大山中，却似乎并没有太多斩获。

"铁"在分布最靠西南的大型汉藏语——缅文中写သံ（sam），相对中国境内的汉藏语，缅甸语历史上受到印度诸语的严重影响，不少词汇来自南亚次大陆，但是သံ却不在此列。中国境内德宏州的载瓦文中"铁"是sham。向北方行进，横断山区里的傈僳语中"铁"是/hɔ³³/，而独龙江谷的居民称它为/ɕəm⁵³/。越过高耸的横断山和奔腾的怒江和澜沧江，普米语里"铁"是/ʂə̃⁵⁵/，东北方的丽江纳西语中"铁"是/ʂu³¹/。从丽江继续向东北方向，泸沽湖岸边的摩梭语中"铁"是/ʂe¹¹/。东面凉山上的彝族把"铁"叫/ʂɯ³³/，再往北走，成都西北的理县桃坪，石头堆起的羌寨中"铁"的发音是/ɕi⁵⁵/。从桃坪羌寨再一路向西，海拔越来越高、天气越来越寒冷，行车近5小时后，可以到达龙尔甲乡干木鸟村，这里住着嘉绒藏族。如果要问他们"铁"怎么说，得到

的回答会是 /ɕom/，这段长达几千公里的旅程又仿佛回到了伊洛瓦底江边氤氲闷热的水汽中的原点。

这条起自缅甸，终于川西的"sham 带"和东面、南面吸收汉语"铁"的"hlek 区"可说是泾渭分明。如果乐意算

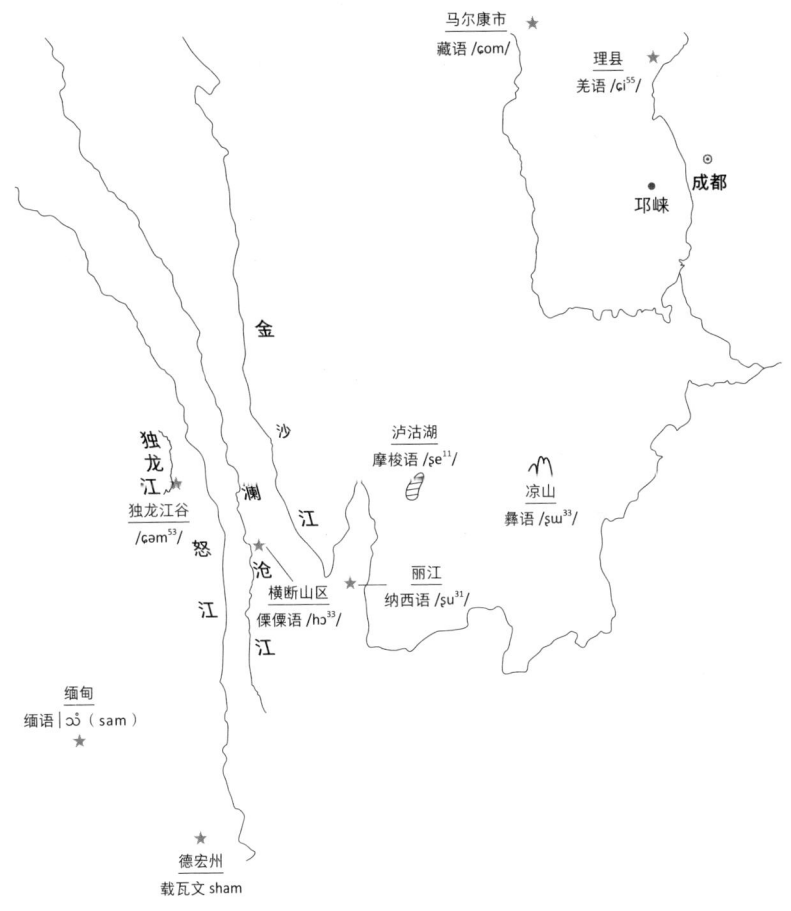

"sham 带"示意图

上已经灭绝的语言，这条"sham 带"甚至还能再向东北方向延伸一点——根据存留下来的西夏韵书分析，西夏语也用这个词。

"Sham 带"的出现恐怕并非巧合。合理的推测是，历史上，"sham 带"上的某些居民掌握了相当成熟发达的冶铁技术，铁器不再严重依赖中原地区，这些居民可能向"sham 带"上的其他居民大量出售铁器，以至于其他人群以他们的方式称呼铁。

历史上成都平原曾经是重要的铁器产区。秦灭赵后，赵国卓氏家族迁蜀，并在临邛（今邛崃）冶铁致富，著名的汉朝才女卓文君即卓氏家族成员。在当时，临邛曾经是重要的冶铁中心。除了卓氏之外，还有从山东迁来的程郑也是当地著名的冶铁大亨。虽然包括临邛在内的成都平原当时都会说汉语，但是可以想象，这些成都平原的钢铁大亨建立的销售网络可能会触达到一些说其他语言的买家，甚至可以设想，可能他们的冶铁技术也会不慎泄露。最终，在某个地方，出现了一个大量贩卖乃至冶炼铁器的非汉语人群，他们把"铁"称作 sham，而他们的买家跟随他们的叫法，称"铁"为 sham。在其后的千年时光，sham 随着人群迁徙，逐渐形成了今天的长条状分布。

中国人的七大姑和八大姨

自远古传来的"爸妈"
"爷"是祖父还是父亲?
"爹"从何方来?
称呼亲戚背后的逻辑
"女郎"为娘
永不变的"舅舅"
论资排辈的重要性

一种常见的说法是,全世界的语言中"妈妈"都是mama,因为这是人类婴儿最初能发出的声音。当一个牙牙学语的婴儿发出 ma 的时候,他最亲近的人,喜出望外的母亲激动地把这个声音当作婴儿呼唤自己,久而久之,代代相传,全世界的人类语言就把 ma 当成"妈妈"的称呼了。这个说法听上去很有道理,普通话中的"妈妈"自不必多说,英语虽然书面上写 mother,但口语也是 mum。

可惜的是,这个说法至少在中国并不灵验。

凡是看过清宫剧的人都会对皇子称呼皇帝的叫法印象深刻——"皇阿玛",这是一个经典的编剧背离现实的案例。在清朝的满文书面记载中,对父皇一律称 Han Ama,也就是"汗阿玛",如果写汉文的话则是"皇父"或者"皇考"。"皇阿玛"不说绝对没有,至少也是难得一见的。Ama 在这里指的是父亲,显然 ma 就不可能指妈了。在满文中,妈有 eniye、eme、aja 三个说法,第一个最常见,也就是清宫戏中常见的"额娘"。今天在东北一些早就不说满语的满族家庭里,还把爸爸和妈妈称作"玛"和"讷"——和传说中全世界都把妈叫 ma 可不一样。

人从出生到死亡，互动最多的就是亲人。因此，亲属称呼往往是一种语言最稳定的词汇，甚至在常用语言发生转换后，家庭内部也经常使用原来的亲属词汇，就像部分东北满族家庭那样。但与此同时，亲属称呼又会因为各种原因被替换，如在不少地方，传统上称呼父亲的"爹"就因为当代听起来比较土，被"爸"迅速替换。

如果时光倒回 1000 多年前，情况或许正好相反，比较土气的"爸"会逐渐被流行的"爹"所替换。

自远古传来的"爸妈"

自古以来，父亲在汉语书面语中一直写作"父"。今天在普通话乃至多数汉语方言中，"父"读 fu，不过在上古时期，"父"的读音却更近今天的"爸"。这是一个从原始汉藏语时代传承下来的词，藏文中"父亲"称 ཨ་ཕ（apha），缅文是 အဘ（apha）。虽然汉语历史上语音发生了非常大的改变，原本的"父"（音近 ba）已经读成了 fu，但是由于"父"使用频率非常高，在口语中保留了历史上的发音，因此才用另外一个汉字"爸"来表示这个古老的发音。与之相类似的则是"母"在口语中说"妈"。

这是个异常古老的称呼，甚至在汉藏语中的用场也绝不仅仅限于指父母。藏文很多名词带有原来表示父母的后缀，如"太阳"叫 ཉི་མ（nyi ma），"月亮"叫 ཟླ་བ（zla ba），效果近似汉语"太阳婆婆""月亮公公"。在丽江的纳西语里，太阳则也是"女性的"/ȵi³³ me³³/。本就有自然性别的动物更是要带词缀，公猪要带表示"男性的词缀"称为 / bu²¹ pʰɣ³³/，丽江南边不远处的剑川的白族人则把公猪叫 /tɕ²¹ po⁵⁵/。在词语后缀中，剑川白语仍然保留了古老的"父"，尽管现今的剑川白语中称呼父亲已是 /ɑ³¹ ti³³/（阿爹）。

汉语中其实也有些类似的例子。普通话里有尾巴、哑巴、乡巴佬、结巴，而在山东、东北等地的方言里，还有呆巴、瘸巴、瞎巴、瘫巴、力巴（外行）、躬巴、抠巴、脚丫巴之类的词。不过这些词长久以来都是口语的说法，难登大雅之堂，在书面上出现得也晚，然而有理由相信，这样的词缀在口语里已有很长的历史。

如果穿越回宋代的中国，当时的语言情况会和现代大不一样。今天中国西南地区的汉语普遍比较好懂，但是宋朝的蜀地情况则大不相同。蜀道难，难于上青天，当时的蜀语和蜀道相比也不遑多让，素有极难解的声名，与中原的开封、洛阳一带的语音大不一样，蜀人甚至把中原一带的语音称作"虏语"。

遗憾的是，这种蜀语已经随着元朝四川人口的剧烈变动灰飞烟灭，今天的四川方言和宋朝的蜀语传承关系很弱，而主要是明朝进入四川的汉语的后裔。

今天我们对宋朝蜀语的了解主要来自同时期的人。根据南宋苏州人范成大的记录，他当时路过了嘉州（今四川乐山）的一个渡口，渡口叫作"王波渡"。

范成大一定对"王波"是什么意思困惑不解，他赶紧询问了本地蜀人，当地人给他解释后，他才恍然大悟，为此他特意详细地写下了"王波"的来历："蜀中称尊老者为波，祖及外祖皆曰波，又有所谓天波、日波、月波、雷波者，皆尊之之称。"在当时的蜀语中，加"波"是常见现象，一如今天的纳西语、白语、藏语。然而，从上古传承到现在的"父"，也并非从来都是一帆风顺。

"爷"是祖父还是父亲？

《木兰诗》在中国家喻户晓，"阿爷无大儿，木兰无长兄。愿为市鞍马，从此替爷征。"被一代代中国人传颂。毫无疑问，花木兰称呼自己的父亲是"阿爷"。

今天在中国，除了"父""爸"之外，用来表示父亲的主要有"爷"和"爹"。然而这两个称呼到底指的是父亲还是祖父，在各地差异很大。今天的普通话里"爷"表示祖父，"爹"表示父亲，这在北方地区比较常见。而在南方很多地方，情况则各不相同，如合肥把祖父叫"爹爹"，父亲叫"爷"；苏州、常州把爷爷叫"阿爹"，父亲叫"爹爹"。不过在宋朝以前，"爷"和"爹"只会指父亲。这两个字在中国古代的韵母并不是普通话的 ie，而是 ia，同一韵母的"斜"在"远上青山石径斜，白云深处有人家。停车坐爱枫林晚，霜叶红于二月花"一诗中和"家""花"押韵。今天不少方言，如闽南话、客家话甚至在陕西的许多县里，

"爹""爷"的韵母仍然是ia。

《木兰诗》本是一首北朝民歌,它差不多是最早使用"爷"的文学作品。"爷"几乎是在魏晋南北朝时突然出现的,一开始甚至都无字可写,借用了"耶",后来才加上了偏旁变成"爺"。东晋时代的书圣王羲之在给女儿的书信"二十七日告姜,汝母子佳不?力不一一。耶告"中曾经署名"耶告",即"父告"的意思。几乎同一时代,"爹""娘"也都同时出现。仿佛在几十年间,华夏先民突然觉得用了几千年的"父""母"已经不敷使用,需要用别的词来称呼父母了。

王羲之是西晋北方高门琅琊(今山东临沂)王氏的一员,出生在北方,幼年时就随家庭南迁会稽(今浙江绍兴)。王家南迁并非是一般的迁徙,而是躲避战乱,和他们一起南逃的北方人数不胜数,王羲之书信中的"耶"字可能来自这些迫使他们家族南迁的北方草原民族。

自东汉以来,朝廷不断将北方草原民族内迁安置。进入三国时期后,曹魏继续内迁北族。到了西晋时,关中、并州(山西)都已经有大量的北族定居。此时东亚气候进入相对寒冷的时期,旱灾等灾害频繁发生。内迁已久的北族和

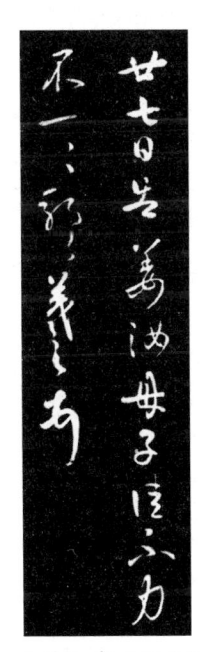

王羲之有"耶告"二字的书法

从草原新南下的北族纷纷起事，最终洛阳被攻破，晋怀帝被俘，西晋灭亡，史称"永嘉之祸"。

此时来自中亚的粟特商人早已在中国经商多时。1907年，英国探险家斯坦因在玉门关外的一座瞭望塔遗址中发现了几封粟特书信。其中一封是由当时居住在中国的粟特商人头领娜娜槃陀发给在康国（乌兹别克斯坦撒马尔罕）的老板的信息通报。

纵使娜娜槃陀是走南闯北、见多识广的大商人，他写信时的极度恐惧在1000多年后仍然可以透过信札散发出来。

信的开头是一番恭维对方的套话。随后娜娜槃陀就以惊恐的语气汇报了他听到的信息："……已经有三年没有一个粟特人从中国出来了……最后一个皇帝因为饥荒从洛阳跑了，他的宫殿和城市被放了火，宫殿烧了，城市毁了。洛阳没了，邺城没了。更糟的是……匈奴人控制了长安……他们昨天还是皇帝的臣民！剩下的中国人不知能不能把他们从长安、从中国赶走，或者他们会继续打下整个国家……我们老了，快死了，如果不是这样，我不会写信告诉你我们怎么样。阁下，如果我告诉你所有关于中国现在怎样的事——太惨了——你不会从那儿获得任何利润。还有，阁下，八年前我派了两个人'入关'，距我最后一次听到他们的消息已经过去三年。他们之前还好，现在，自从厄运发生，我没有从那儿收到任何关于他们现在的消息。更坏的是，四年前我派了另外一个人……当他们抵达洛阳时，那里的印度人和粟特人都饿死了。我还派了一个人去敦煌……他在未经我许可的情况下跑了,他遭到了报应,被杀死了……"

这封信并没有抵达撒马尔罕,从发现地点来看,应该是被玉门关外的军士没收了。我们不知道娜娜槃陀后来究竟是设法摆脱了厄运,还是和当时的许多人一样死于战乱。这是一个天翻地覆的年代,几十年间,中国北方和巴蜀出现了十余个不同民族建立的地方政权,进入了五胡十六国时代。

一般的说法是,五胡包括匈奴、鲜卑、羯、氐、羌。娜娜槃陀的信件中提到的洛阳的沦陷应该指的是后赵石勒、石虎攻陷洛阳的事,石勒家族属于羯人。五胡都有着自己的语

粟特文2号、3号古信札

言，但是几乎都没有留下文字记录。现今我们对这些语言的了解几乎都只能通过汉文典籍中的只言片语。

以五胡在历史上的影响力，今天留下的资料可以说令人惊异地少。五胡中氐人建立了仇池、成汉、前秦、后凉，羌人建立了后秦、宕昌、邓至。氐、羌的族源和语言都相对明确，属于汉藏语系，而匈奴、鲜卑、羯的语言就比较扑朔迷离。其中匈奴和羯的语言资料奇缺，虽然历史上有用鲜卑语翻译汉语典籍的记录，但是后来全部散佚，至今也没有出现过任何一本鲜卑语文书。

鲜卑语是南北朝到初唐时中国北方影响最大的北族语言。伴随鲜卑人建立的北魏统一北方，鲜卑语在北方也产生了巨大的影响，尤其是在军旅之中。不但鲜卑人自己说鲜卑语，北方许多行伍出身的汉人也学会了鲜卑语。如北齐奠基者高欢就是鲜卑化的汉人，小字"贺六浑"，明显是鲜卑语。因此在这些北族语言中，鲜卑语最有可能是"耶"的来源。

今天能确定意思的最大的一批鲜卑语词汇来自《南齐书》中的《魏虏传》，主要是一些北魏的官职名称。《南齐书》的作者是梁朝人萧子显，出身齐梁两代的皇族兰陵萧氏，是齐朝开国皇帝萧道成的孙子。萧子显从小在江南长大，平常不使用鲜卑语，因此他所记录的鲜卑语主要集中在敌国北魏的一些称呼方面："国中呼内左右为'直真'，外左右为'乌矮真'，曹局文书吏为'比德真'，檐衣人为'朴大真'，带仗人为'胡洛真'，通事人为'乞万真'，守门人为

'可薄真'，伪台乘驿贱人为'拂竹真'，诸州乘驿人为'咸真'，杀人者为'契害真'……"

稍整理一下萧子显所知的鲜卑语，就可以发现鲜卑语明显把做某事的人称呼为"某真"，"真"前则是所担任的职务。这也为后人试图揭秘鲜卑语提供了最初的线索。

我们先来看看守门人"可薄真"——不过在破解 5 世纪的鲜卑人的语言前，我们可以先穿越到 1000 年后的奥斯曼帝国宫廷去看看。

土耳其伊斯坦布尔是奥斯曼帝国曾经的首都。几乎每个去土耳其的游客都会慕名前去游览奥斯曼的王宫托普卡帕宫。在奥斯曼帝国时期，苏丹的女人们就居住在托普卡帕宫中，梦想着能在激烈的宫廷斗争中翻身上位，斗争的激烈程度不输中国古代的宫禁。在土耳其语中，托普卡帕宫是 Topkapı Sarayı。Saray 就是宫，Topkapı 则由 top（炮）和 kapı（门）组成。在托普卡帕宫外院和内廷的分隔处也有一道门，外院是苏丹和朝臣议事的地方，而内廷除了太监之外只有苏丹一个男人可以进入。这道门的控制权由一个特定的高级太监掌握，在土耳其语中称作 Kapı ağası，即"掌门太监"的意思。在今天的土耳其语里，看门人是 kapıcı，其中 -cı 就是"做某事的人"的意思。

奥斯曼人的祖先是来自北方和中亚的草原游牧民族，他们在唐以后逐渐西迁，一路征服当地人，最终于 1453 年攻破东罗马首都君士坦丁堡，kapı 正是他们一路从草原西迁带去的词汇。

在《大唐西域记》中，玄奘和尚描述了他所经过的一处叫"铁门关"的地方。他说："铁门者，左右带山，山极峻峭，虽有狭径，加之险阻，两旁石壁，其色如铁。既设门扉，又以铁固，多有铁铃，悬诸户扇，因其险固，遂以为名。"铁门关位于今天的乌兹别克斯坦，是古代乌兹别克斯坦进入阿富汗的交通要道。这道关口曾是兵家必争之地，我们也因此能够在蒙古草原上的毗伽可汗碑文中发现铁门关的踪影。毗伽可汗碑中提到突厥汗国拓境，东到卡德尔汗森林，西到铁门关。在碑文中，铁门关写作 Temir qapïγ，后者即"门"。Qapïγ 差不多是"可薄"最可能、合理的来源。

然而另一些证据则说明，鲜卑语不大可能是一种突厥语。汉语的"真"以 -n 结尾，但是突厥语"做某某事的人"的后缀通通没有 -n。譬如"老师"，在维吾尔语中是 oqutquchi，在哈萨克语中则是 oqïtwshï。要找到 -n 的线索，得在突厥语外寻找。

青海湖东岸的海东市民和县是中国土族最主要的聚居地之一，土族居住的地区历史上是吐谷浑活动的地方，吐谷浑为鲜卑慕容部的一支。

今天的民和土族说的语言非常有特色。一方面在基本的词汇上较为接近蒙古语，而在语音上则和青海当地的汉语方言趋同，几乎已可以用汉语拼音拼写，同时又吸收了不少藏语的成分。在民和土族语中，表示"做某事的人"正是 qin，譬如"要"是 kerli，"乞丐"就是 kerliqin。土族语的 -n 在诸种蒙古语系的语言中并非孤例，蒙古语系一贯有一些词有时隐时现的 -n，如在蒙古文里"舌头/语言"拼写为 kele，但是在内蒙古呼伦贝尔市南边锡尼河的布里亚特蒙古族说的蒙古语中，这个词发音为 /xələŋ/。这也很可能是鲜卑语中表示"通事"（即"翻译"）的"乞万真"的词源——蒙古文中，"通事"的拼写为 kelemürči，而在突厥语中，"乞万真"则完全解释不通。

另一批证据则由鲜卑人自己提供。

北魏孝文帝时，鲜卑人自上而下进行了汉化改革，孝文帝改革中的一项重要内容就是抛弃鲜卑姓，改用汉姓，并且以身作则把皇族的姓氏"拓跋"改为"元"。

改姓浪潮中不少鲜卑姓是直接采取音译方式选择了读音相近的汉姓，譬如"步六孤"改"陆"，"贺楼"改"楼"，"丘穆棱"改"穆"，但是很多鲜卑姓并无读音相近的汉姓，更改也不遵循这个逻辑，如"宥连"改成了"云"，"叱奴"改成了"狼"，"若干"改成了"苟"。

"云""狼""苟"算不上当时汉族高门常用的姓氏，不存在为了融入汉族高门攀附大姓的问题，语音又和鲜卑老姓并不相近，那么最可能的情况是，这几家鲜卑人选用了和自己的鲜卑姓意思相近的汉姓。而这几个姓都能在蒙古语里找到解释，蒙古文"云"为 egülen，"狼"为 činu-a，"狗"为 noqai，这三个词都是他们的语言中非常基本的词汇。而在突厥语系的语言中，这几个词则根本对不上，如维吾尔语中"云"为bulut，"狼"为böre，"狗"为it，同鲜卑语毫无关系。

不过，鲜卑人比蒙古人登上历史舞台要早千年，从时间先后顺序上来说，鲜卑语显然不可能是从蒙古语演变而来。而从鲜卑语留下的词语来看，虽然和蒙古语有关，但是其语音甚至已经比元朝的蒙古文更加简化，显然也不具备演变成后来的蒙古语的可能性。只能说鲜卑语同蒙古语在更早的时候有同源关系。当鲜卑人南下中原时，蒙古人的祖先留在了草原，此后的千年时间，他们一直很不起眼，草原上突厥、回鹘、黠戛斯、奚、契丹、女真轮番登场，又逐个曲终人散，蒙古人的祖先一直在草原东部默默发展，直到成吉思汗时代统一蒙古诸部，成为新的草原和世界霸主。

以鲜卑人在南北朝到初唐的巨大影响，如果中原汉人要从某种外语中引入亲属称呼，鲜卑语自然是最可能的首选。鲜卑人不但深度参与中原王朝的政治生活，而且由于定居中原的鲜卑人大规模汉化，隋唐时代的不少贵族家庭都有鲜卑血统，这也使得鲜卑语的亲属称呼可以通过这些家族的鲜卑亲眷流入汉语，并因为是贵族家庭的用语而向全社会扩散。然而我们关于鲜卑到底如何称呼自己亲人的知识非常少，目前所知的关于鲜卑语的亲属称呼包括鲜卑语把兄称作"阿干"，母称为"阿摩敦"，父称为"莫贺"，除"阿干"可能和"哥"有关以外，其他和隋唐中原流行的称呼并不一致。

事实上，就"爷"而论，鲜卑入主中原是 4 世纪末的事，可是 4 世纪初南迁的王羲之已经在使用"耶"了，因此要确定"耶"的来源还需要更加深入的研究。

"爹"从何方来？

"爹"一词最早出现于三国时期魏人编纂的《广雅》。宋朝《广韵》中，"爹"字收了两个不同的读音，一个解释为"羌人呼父"，一个解释为"北方人呼父"。中国古代的"羌"涵盖了西部的众多汉藏语民族。今天在四川凉山的彝语中，当面喊父亲的一般称呼是 /a^{34} ta^{33}/，而在提到父亲时的尊称则是 /a^{21} bo^{33}/，和汉语"阿爹""父"的分野几乎一样。

而在北方，"爹"的来源可能确实和草原民族有关。

唐德宗年间，回鹘汗国出现内乱。此时率兵战吐蕃不利的回鹘大相颉干迦斯引兵回国。新可汗在郊外边哭泣边拜人相说："儿愚幼，若幸而得立，惟仰食于阿多，国政不敢豫也。"颉干迦斯觉得可汗这么卑微地哀求自己，非常难过，也抓着可汗一起哭。根据《资治通鉴》的说法，"阿多"是回鹘语父亲的意思。可汗自称自己是儿子，认颉干迦斯为父，可见他不管是发自内心尊崇，还是迫于形势所逼，都完全不敢得罪这位大相。在维吾尔语里，父亲是 ata，就是所谓的"阿多"。这个词在突厥碑文中的记载最早出现在 8 世纪早期的翁金碑上。当时并不是所有的突厥人都使用 ata，在阙特勤碑中，父亲就写为 qang。

相比父亲在不同地方有"爸""爹""爷"等不同说法,汉语在叫"哥"的时候却非常统一。例外情况大多和福建有关,闽南地区把哥哥称作 a-hia^n,这是"阿兄"在闽南地区的发音。

随便翻开任何一本南北朝以前成书的古籍,你所能看到的"哥"都是"歌"的意思。从上古到中古早期,汉语中哥哥都说"兄",几无例外。然而今天在全国各地,除了福建和从闽南迁出的潮州、海南方言,几乎没有什么地方会在口语中把哥哥叫成"兄"。似乎除了文化人在通信时互称"兄"表示尊敬以外,口语中的"兄"基本只出现在"弟兄""兄弟"两个词中。

"哥"取代"兄"的端倪出现在唐朝,一开始出现在皇室的语言里。唐太宗李世民的弟弟李元名曾经对让他拜见尚宫的建议不屑一顾,直接说了句"此我二哥家婢也,何用拜为?",而当时"哥"除了表示"兄",也可以表示"父",唐太宗给儿子李治的信件落款就是"哥哥敕"。

"父""兄"不分的乱辈分之举并不符合汉语传统的亲属称谓系统。但是如果考虑唐朝皇室在南北朝时曾与鲜卑贵族大量通婚,这样的叫法可能就并不意外了。

称呼亲戚背后的逻辑

汉语的亲属词汇分类相当细致,一个亲属该怎么叫要根据这个亲属和自己的辈分关系,是父系还是母系,乃至这位亲属自己或者某位其他亲属的年龄关系。即便如此，汉语亲属关系中仍然存在明显的不对称现象，父系男性要比母系或者女性亲属分得细一些。譬如父亲的兄弟要根据比父亲大还是小分别称作"叔""伯"，但是如果是父亲的姐妹则统一称"姑"，而母亲的兄弟则统一称"舅"。而且辈分上，"姑"和"舅"也可以跨辈。唐朝王建的《新嫁娘词》中间一首是："三日入厨下，洗手作羹汤。未谙姑食性，先遣小姑尝。"这里的"姑"是丈夫的母亲，"小姑"是丈夫的姐妹。孔子过泰山，碰上妇人哭诉"昔者吾舅死于虎，吾夫又死焉，今吾子又死焉"，这里的一家祖孙三代都死于老虎，"舅"在这里指的是丈夫的父亲。

然而在不同的语言中，由于社会结构的不同，什么亲戚属于一类，什么亲戚需要分开是很不一样的。在泰国，对年纪比自己稍长的人均称 พี่（phi），这个词在泰语中就是"兄"或"姊"的意思，这两个在汉语中严格区分的亲戚在泰语中用一个词表示。相应的，"弟"和"妹"在泰语中均为 น้อง（nong）。这在从中国南方延伸到泰国的壮侗语系语言中是个普遍现象，在云南西双版纳的傣语中，"兄"和"姊"为 ᨷᨲᩮᩬᩥ /pi^{33}/，"弟"和"妹"为 ᨶᩬᨦᩮᩬᩥ /nɔŋ^{11}/。

壮侗语在对"母姊""母妹""父姊""父妹"四个亲戚的区分上也和汉语逻辑截然不同。在汉语中，这四个亲戚是按照父系、母系两分，父系叫"姑"，母系叫"姨"。但是在德宏傣语中，"母姊"和"父姊"都称 ulo/pa^{42}/，"母妹"是 ᨠᩣ

/la⁵⁴/,"父妹"则是 /ŋl/ʔa³³/。汉语中优先区分这四位亲戚属于父系还是母系,但是在德宏傣语中,则要先分这四位亲戚比自己父母年长还是年幼,年长的归一类,年幼的再根据属父系还是母系确定称呼。在四川凉山的彝语中,一个人对兄弟姐妹的称呼则和自己的性别有关。一个男性要区别称呼自己的兄 /vɿ⁵⁵ vu³³/、弟 /i³⁴ zɿ³³/,姐妹则统称 /ŋi²¹ mo²¹/;女性则要区别称呼自己的姐 /vɿ⁵⁵ mo²¹/、妹 /ŋi³³ ma⁵⁵/,兄弟则统称 /m̥a²¹ tsɿ⁵⁵/。

中国古代的草原民族匈奴和鲜卑的亲属称呼,除了零星见于汉语典籍的几个外都已经无法还原。幸亏古代突厥人有在坟墓勒石以记录墓主功绩的习惯,我们今天才得以对古代突厥人的亲属称呼有比较系统的了解。在古突厥语中,一个重要的特征是辈分的概念和汉语很不一样。在古突厥语中"叔"和"兄"用一个称呼 eči,已经出现了把比自己年龄大的父系男性亲属统用一个称呼的现象,这和"父""兄"同称仅有一步之遥。

事实上,在新疆东部的绿洲里,我们已经可以找到"父""兄"转化的实例。今天的维吾尔语里 aka 是哥哥的意思,然而在吐鲁番南部的鲁克沁附近,aka 指父亲。一个更具有普遍性的例子出现在哈萨克语之中,哈萨克语里父亲是 äke,祖父是 ata。和近亲语言如新疆西部的柯尔克孜族的语言相比,哈萨克语的父亲比较接近柯尔克孜语的哥哥(agha),祖父比较接近柯尔克孜语的父亲(ata)。

这可能和游牧民族的"还子习俗"有关，即长子会把自己的第一个小孩交给自己的父母（小孩的爷爷奶奶）抚养。自此这个小孩会把爷爷奶奶称作"父母"，而把亲生父亲称作"哥哥"。如果其他孙辈跟从这个年龄最大的孙辈的叫法，久而久之，本来用来叫哥哥的词就会转而指"父亲"，而本来指父亲的词就会改指"爷爷"。这样的传统可能在北方民族中由来已久。北齐皇室受鲜卑影响很严重，根据《北齐书》记载："（高）纬兄弟皆呼父为兄兄，嫡母为家家，乳母为姊姊，妇为妹妹。"南北朝后期，原籍山东琅琊的南渡家族后裔颜之推被西魏俘虏，迁回北方。当踏足家族两百余年前逃离的北方时，他发现北方人"……至有结父为兄，托子为弟者"，并对北方人辈分伦理的轻忽颇为吃惊。

作为南渡高门家族成员，早已南迁江南的颜氏家族和身边的士族交际圈显然都没有这种辈分错乱的迹象。当他们在4世纪从北方离开时，这种现象在北方并不普遍。在200多年间，中原地区受到了北族风俗的严重影响，以至于让回到北方故土的颜之推大吃一惊。乱辈的风气一直到唐朝都很盛行，唐朝皇室甚至身先士卒，不光"哥哥"兼表"父兄"，还多次出现收养孙子当作儿子的事。

"女郎"为娘

在"哥""爷""爹"纷纷登场的同时，母亲的称呼也发生了改变，一个新的词"娘"开始用来指代母亲，这个称呼在初唐开始流行。

在繁体字里,"娘"有两个对应字,一个是"娘",一个是"孃"。严格来说,在唐朝时,前者一般指的是年轻女子,后者才指母亲。

"娘"的出现要早一些,隋之前的碑刻中已经出现了"某某娘"的人名。此后"娘子"是对女性的称呼。

莫高窟第 98 窟是五代时期敦煌的统治者曹氏家族修建的。洞窟墙壁上绘制了大量的壁画,主要是一些佛经场景的再现。在墙壁比较贴近地面的部分则是洞窟出资人——曹氏家族成员的画像,其中就有"故新妇娘子翟氏供养"、"故女第十四小娘子一心供养出适翟氏"和"新妇小娘子索氏供养"等数幅壁画。年纪较小的女性称为"小娘子",年长的则叫"娘子"。

这种用法并不仅仅限于北方,唐朝乐府诗中有一类诗叫作《子夜歌》,据说是晋朝一位名叫"子夜"的吴地女子所作。传说未必靠谱,但是《子夜歌》所用的语言有大量的吴地特征,就算那位名叫"子夜"的女子子虚乌有,《子夜歌》也可算是吴地女子创作的产物。如"芳是香所为,冶容不敢堂。天不夺人愿,故使侬见郎。",作者自称为"侬",以"侬"为"我"至今仍然可以在浙江很多吴语中找到痕迹,甚至一直延伸到两广一带,像广西贵港的粤语仍称"我"为"侬"。在另一首诗"见娘喜容媚,愿得结金兰。空织无经纬,求匹理自难。"中则出现了"娘",在今天江浙地区的许多吴语方言里，年轻的少女仍然称作"小娘"或"细娘"。

我们甚至可以在更南的地方找到"娘"的踪迹。

位于中缅边境的云南瑞丽是以前勐卯古国的都城。瑞丽的傣族女性一般称"朗某某"，这个"朗"并不是姓氏，而是加在女性名字前，表示对女性的尊称。"朗"实际上是德宏傣语 ᥘᥣᥒ（la: ŋ⁴⁵）的音译。这个称呼的历史可以追溯到相当久远的古代。传说中勐卯国历史上曾经有位继承王位的公主"朗玉罕良"，她当时的都城位于"允朗玉"，即"二公主城"的意思。

和西南地区很多汉语类似，德宏傣语 n/l 不分，在德宏傣语的近亲缅甸掸邦的掸语中，这个词就是 ၼၢင်း（náang）。这是云南傣族、缅甸掸族、老挝老族和泰国泰族女性都非常常用的尊称，大约相当于汉语"女士"。而贵族女性的称号则往往还要在 nang 前后加一些其他成分，譬如缅甸第一位总统的夫人——木邦土司的女儿就叫"召婻哏罕"，"召婻"即"公主"的意思。泰国王后的称号中，冠于名字前面的部分为 สมเด็จพระนางเจ้า（Somdet Phra Nang Chao），其中也含有 nang。

泰国的泰族大约在晚唐到五代时从广西、云南南部南下至中南半岛。至迟这个时候，"娘"就已经进入了他们的语言中，因此在唐朝时，"娘"这个称呼已经扩散得非常广泛，从西北的敦煌到南方的广西、云南皆有使用。"孃"则是个早就出现的字，然而汉魏时期，这个字的意思是"烦扰"，是"孃"的一种写法。入唐以后用"孃"表示母亲的规模渐渐扩大，晚唐开始，"孃""娘"渐渐有混用情况出现。

然而关于"娘""孃"是如何突然出现的有好几种说法，一说"孃"来源于突厥语"你母亲"。在突厥语系的语言中，表示"你的"时在词语后面加上-ng，如维吾尔语母亲是ana，你母亲是anang。"娘"则是"女郎"或是"女儿"的合音。可是"孃"借自突厥语的说法却存在一个比较大的问题。突厥汗国在6世纪中期脱离柔然汗国自立，在攻灭柔然汗国后成为新的草原霸主。中原王朝始通突厥是在西魏大统十一年（545年），突厥在不久之后就成为中原王朝北面的心腹大患。然而整个突厥汗国和后继的东突厥、西突厥乃至后突厥都始终没有能够像鲜卑人那样入主中原，虽然不少突厥家族后来先后内迁在唐朝为官，但是比起鲜卑在中原的影响仍然微不足道。而且突厥汗国碑刻中母亲是ög，ana要到后来的回鹘时代才出现在文书里。

总而言之，中国人在从三国到唐朝的几百年间完成了一次亲属称呼的重新组合，旧的称谓消失或者暂时隐匿了，新的称谓出现。这次亲属称谓的变动一直影响到今天中国人如何称呼亲戚。然而，除了"哥"较为明确是鲜卑或者其他北族的称呼外，"爷""爹""娘"是如何在短时间内突然取代汉语固有的称呼仍然存在诸多疑团。

永不变的"舅舅"

尽管在这几百年间汉语的称呼发生了翻天覆地的变化,但是有些称呼却展现了异乎寻常的稳定性。

四川云南交界处的泸沽湖本来可以说是非常偏远的地方,近年旅游业的兴起让泸沽湖成为知名的旅游区。泸沽湖确实风光旖旎,但是如果不是摩梭人的存在,恐怕也只是一个普通的高山湖泊,不会变成如今的热门景点。

对于多数中国人而言,摩梭人以走婚而出名。

很多不明就里、胡思乱想的游客对走婚存在许多误解,摩梭人的走婚并不意味着家庭关系混乱。所谓"走婚制",核心模式是一个有血缘关系的家族住在一起,女子不去夫家,男子也不娶妇进门,一个女子生的子女由女方家庭抚养,女子的兄弟(小孩的舅舅)充当了其他社会中父亲的角色,而舅舅自己的亲生孩子,则由小孩的舅舅抚养。因此摩梭人有谚语:"天上飞的,是老鹰最大。天下走的,是舅舅最大。"当今,四川的摩梭人由于传说祖先是元朝南下的蒙古人而划归蒙古族,云南的摩梭人则划归纳西族。可以确定的是,摩梭语和纳西语比较类似,属于一种汉藏语,并没有很明显的蒙古影响。

在中国许多地方,舅舅地位的尊崇几乎是由来已久的通例。福建闽南地区有"母舅上大"的说法。而四川黑水县的藏族,双方的舅舅在谈婚论嫁时占有重要地位,不但要带最多的彩礼，而且是主要的发言人：要吹嘘自家外甥（女）是血统纯正的本地人，还要自吹自己很富裕。西夏党项人留下的西夏文记录中，"婚姻"一词和"舅甥"同音，只是写法不同，说明姑舅表亲之间优先通婚。这也和四川凉山彝族的习惯类似，凉山彝族也是姑舅表亲之间优先通婚，女孩如果要和外人结婚而舅家有儿子的，得象征性征得理论上有结亲优先权的舅舅同意；女子出嫁后如果在夫家受欺负，也由舅舅冲在前头交涉，男子的父兄遭难时往往也可以寻求舅舅庇护。而在清朝江南地区的读书人家庭，舅舅则会在外甥（女）的教育培养上扮演重要角色，经常出现舅舅就是外甥老师的情况。

汉语中几乎所有方言的亲属称呼中"舅"都是很稳定的。虽然有"娘舅""舅舅""阿舅""舅爷""舅父"等不同变体，但是一般"舅"字都在，而且含义也基本是指母亲的兄弟。虽然商朝甲骨文中有没有"舅"还是问题，但是由于"舅"在汉语中的高度稳定性，所以还是很容易让人联想"舅"是否也是传承至今的汉藏语古词。

然而在藏文中，"舅舅"是 ཨ་ཞང་（a zhang），和汉语"舅"完全搭不上界。

不过要是对藏语的亲属称呼梳理地仔细一些，就会发现藏文中实际上是有"舅"的同源词。在藏文中，叔叔伯伯叫 ཨ་ཁུ་（a khu），而在古汉语中，"舅"的声母是 g，正如 Peking 后来变成了 Beijing，后来"舅"的声母受到韵母中的 i 影响而最终演变为普通话的 j。也就是说，"舅"确实由来已久，可以追溯到原始汉藏语，然而后代语言中，这个词却有了不同的意思。

汉藏语中拥有最悠久文学传统的两大语言在"舅"上却出现了不一致的现象，这自然衍生出了一个问题：到底是汉语意思变了还是藏语意思变了，或者两者"舅"的意思都发生了改变。

此时我们可以再多考虑一下摩梭人的情况，作为汉藏语系中舅舅地位最高的人群，摩梭人的语言里"舅舅"怎么叫有重要的参考意义。在摩梭语中，舅舅称为 /ə^{33} ɣ^{35}/。第一音节类似汉语的"阿"，并无实际意义，所以舅舅的意思实际上是由第二个音节承载。然而由于摩梭语历史上的语音简化现象极为严重，很难说当今的 /ɣ^{35}/ 在其他汉藏语中同源词应该是什么样子的。幸运的是，摩梭语的近亲，丽江的纳西语可以提供线索。在纳西语里，舅舅称为 /ə^{31} gɣ^{33}/，应该和汉语的"舅"有关。

在"舅"这个词上，汉语可能比藏语要更保守。纳西语和摩梭语毕竟有受到汉语影响的可能性，然而在藏南的珞巴族博嘎尔部落的语言中，舅舅是 /a kɯ/，叔叔伯伯则是 /a paŋ/。珞巴族的生活区域决定他们几乎不可能受到汉语影响，反倒是藏语有可能会对珞巴族语言施加影响。独龙江峡谷里的独龙语中舅舅则是 /ə^{31} kɯ^{53}/，并且这个词也可以用来指"岳父"，和古代的汉语一样，"舅"在汉语中的意思更有可能是从上古一路传承到现在的。

事实上,"舅"在藏族人的生活中也非常重要。藏语的"舅舅"ཞང་། 的源头可以直追吐蕃帝国。《资治通鉴》中记载吐蕃"王族皆曰论,宦族皆曰尚"。司马光生活的宋朝,一度强盛的吐蕃帝国早已灰飞烟灭,司马光的信息来源一定是唐朝人对吐蕃的观察。在汉文的史料中,不少吐蕃大人物的名字中都带着"尚",如赤松德赞时代的"吐蕃大贡论"(相当于首相)尚结赞,一手策划了"平凉劫盟事件",他埋伏了骑兵在盟坛西部,结果唐朝除了主盟官浑瑊迅速跃上一匹马逃出后,其余唐朝官员全部被吐蕃擒获。除尚结赞之外,"吐蕃大贡论"带"尚"的还有尚绮心儿、尚结息等人。

这里的"尚"字并非是姓氏,实际上这几位"尚"所属的家族各不相同。如"尚结赞"藏文全名 སྣ་ནམ་ཞང་རྒྱལ་མཚན་ལྷ་སྣང་(sna nam zhang rgyal tshan lha snang),属于 sna nam(那囊氏)家族,而"尚结息"全名 མཆིམས་ཞང་རྒྱལ་ཟིགས་ཤུ་ཏེང་(mchims zhang rgyal zigs shu teng),属于 mchims(琛氏)家族。那囊氏和琛氏都与吐蕃皇室有联姻关系,因此都是吐蕃皇室的舅家。吐蕃时代,重要的大臣合称为 ཞང་བློན་(zhang blon),即所谓"尚论"。这个称呼在今天的藏语中还出现在一些藏地护法神的名字里,如经常以全身蓝色形象示人的伏魔金刚"尚论多杰东都"(ཞང་བློན་རྡོ་རྗེ་བདུད་འདུལ་)。

关于为什么藏语里面"舅"会转移到父系而出现了新的"舅",众说纷纭。值得注意的是,汉藏语中"父亲的兄弟"

的说法千奇百怪，远远不似"舅"这样统一，而且多是从其他词转化而来。如汉语的"叔""伯"和兄弟之间的"伯仲叔季"排行有关，原本如果用在子辈称呼父系长辈的时候一般要加"父"。而在其他汉藏语当中"叔"和"伯"的分布远远不如"舅"来得广。究其原因，在上古时代，叔叔和伯伯可能直接按照父亲来称呼，需要区分时才按照排行叫，现今许多方言里父亲和叔伯的称呼也属于同类，北京把伯伯称"大爷"，陕西一些地方则把父亲和叔叔都叫"爹"（达）。这就导致了语言中叔叔、伯伯缺位的现象，在后来的发展中如果叔叔、伯伯需要和父亲区分，则会借用其他词汇。汉语把兄弟排行转化成了亲属称呼，藏语则把本来母系的亲属称呼借到父系使用，当后来又需要区分母系和父系时，母系的舅舅就用了另一个词。

论资排辈的重要性

由排行衍生出亲属称呼并不算罕见，德宏傣语 ຫຼວງ /ʔaːi⁴²/ 是"排行老大的儿子"的意思，而在老挝语中 ອ້າຍ（ai）就指"哥哥"。中原"伯""仲""叔""季"的排行法存在一个比较严重的问题，如果兄弟数量多于四个，就会出现不敷使用的状况。古代面对这个问题，要么在"季"后面加个"少"，要么另起其他的。最通行的做法则是把"仲""季"之间的儿子都叫"叔"。由于古代排行入名字的情况一般是在"字"中，男子成年后才取字，此时有多少兄弟一般已经可以确定，所以才方便采取"仲""季"之间皆为"叔"的排行法。

不过如果"叔"多了，仍然会影响排行的精确性。现代中国社会一般除了首尾两个分别叫"大""小"以外中间按照数字排序。但是在云南，德宏傣族则仍然使用一套非常复杂的排行法。儿子按照从大到小的顺序，老大到老六分别是ꨀꨯꨮ/ʔaːi⁴²/、꨿ꨯ/ji³³/、ꨱꨮ/saːm²⁴/、ꨳꨯꨮ/sai¹¹/、ꨓꨯꨮ/ŋo⁵⁴/、ꨤꨯꨮ/lok⁵⁴/。女儿则使用另外一套排行，从老大到老六分别是ꨥꨯꨮ/je⁴²/、ꨁꨯꨮ/ʔi¹¹/、ꨀꨮ/ʔaːm³³/、ꨀꨯꨮ/ʔai¹¹/、ꨀꨯ/ʔo⁴²/、ꨀꨯꨮ/ʔok²⁴/。在德宏傣语中，这套专门用于姓名排行的字并不用于一般的计数，而专用于姓名。一般来说，在家排行第几，名字中的第一个字就是这套排行字中的对应字。譬如家中"第三子"就叫"桑某"，"第五女"就叫"娥某"，德宏傣族的叙事长诗《娥并与桑洛》的主人公分别为家中的"五女儿"和"三儿子"。几乎一样的姓名排行用语也在缅甸掸邦广为使用。

如果你会说粤语的话，可能会发现儿子的排行词除了老大之外，和德宏傣语相当近似。粤语中 2～6 是 ji、saam、sei、ng、luk，而女性的排行实际上是把男性排行的声母去掉的产物。还记得傣卯王国的女王——二公主"朗玉罕良"吗？她的名字中的"玉"就是这套排行中女性版的老二。和其他的壮侗语一样，德宏傣语的数词本身即来自古汉语，但是这套排行却显示出，在历史上，德宏傣语和掸语的祖先曾经在向汉语借用数词之后，又从汉语借用了一套数词专用于亲属排行。

诡异的是，滇西和广东相距甚远，显然粤语不可能有如此本事翻过千山万水，对滇西和缅北居民的命名习惯产生如此大的影响，所以这套排行词不会来自粤语，也不会来自云南当地的汉语。现在的云南话和四川话、贵州话比较类似，主要是明初移民带入云南的语言，云南话的数字读音和这套排行词并不像。事实上，这套排行数字必定由来已久，它的语音特征更符合宋朝以前的中古汉语的语音特征，"五"的韵母是 o，"三"的韵尾还是 m，而"六"则有 k 韵尾。唐宋时期，今天的滇西地区长期为南诏国和大理国所控制，不过这套排行名称却和白语、彝语不符，而是可以肯定来自某种汉语。而符合这些特征的汉语，除了广东之外，离云南更近的广西也可以找到。

刨除属于明朝官话后代的桂林、柳州一带的方言，广西还存在大片的粤语区。今天广西梧州、南宁市区的粤语和广州话差别不大，不过这些粤语都是在近代才扎根广西。在近两百年间，来自广东珠三角的广州、佛山等地的移民陆续沿西江及各条支流溯流而上，在江滨城镇经商定居。在广西许多地方，可以发现很有趣的语言分布，沿着西江以及各条支流的各个市镇说和广州话类似的粤语方言，远离河流的地方则说其他方言或者壮语。在广西首府南宁，除了南宁粤语之外，城内临江街一带曾经说一种和桂柳话类似的官话，而在南宁的郊区，则有大片区域说平话。

与声名远扬的粤语相比，平话名气很小，一般只有广西本地人才知道它们的存在。但是它却是地道的广西本地汉语，在广西的历史相当久长。根据说平话者自己对祖先的记忆，他们大部分人的祖先来自宋朝山东，是随狄青将军来到广西的，有些可以把自己的先祖追溯到山东登州府和青州府，也就是今天山东东部一带。

以南宁北部马山县的平话为例，在这种平话中，2~6为/ȵi^{13}/、/ɬam^{55}/、/ɬei^{35}/、/ŋo^{21}/、/lɔk^{22}/。与广州粤语相比，广西平话的数字读音和德宏傣语中的排行词更加接近。广西和云南地理相邻，历史上人员往来密切。虽然德宏傣族居住地远在滇西，差不多是云南离广西最远的地方，掸邦更是远在缅甸，但是他们的语言中对孩子排行的称呼，仍然穿越空间和时间，顽强地保留了下来。

中国人用过的衔头

中国之外的"伯"
"后"——最早的尊贵头衔
"汗"与"可汗"
贬值的"单于"

如果去土耳其旅行，大概很快就会产生这样的困惑——如何在一个人生地不熟的环境中礼貌地和当地人互动。土耳其人相当讲究社会交往中的礼数，虽然作为游客，稍微违犯点社会准则也算不上很大的罪过，但是买票、乘车、问路时直接"欸"一下当地人显然也并不是长久之策。

如果不知道对方姓名，对方又是男性，保险的方法是称呼对方为 Beyefendi。如果知道对方姓名，也不应贸然指名道姓——在许多语言中，直呼一个人的名字在日常交往中都是不够礼貌的，需要冠上称呼才显得得体。就男性来说，汉语称"先生"，英语称 Mister，法语叫 Monsieur，而在土耳其，则是"名+bey"。如一个叫 Mustafa 的人，就应该称 Mustafa Bey。

很明显，Beyefendi 由两个部分组成，bey 和 efendi。后者在中国应该家喻户晓，即"阿凡提"。今天的 efendi 是从巴尔干半岛到中国新疆广泛流行的称号，在各地用法略有差别，尊敬程度也不一样。这个称号实际上来自东罗马拜占庭帝国的希腊语 αφέντης（aphentes），是古希腊语 αὐθέντης（authentes/ 主宰）所变来的。但是现实中，在大部分使用 efendi 的地区，这个称号已经发生了严重的贬值。今天如果想被称作 efendi，只要在新疆找个维吾尔族人开的饭店，服务人员就自然会称呼顾客为 ependim（-m 相当于"我的"）。

中国之外的"伯"

不过若论贬值，恐怕还是 bey 贬值得更厉害。在今天的土耳其，所有成年男性都是 bey。而在几百年前，这是只有高级贵族才用的称呼。11 世纪以来，从东方来的突厥部落逐渐渗入安纳托利亚，这些部落的首领就称作 bey。当他们占据了原拜占庭帝国的领土，建立自己的政权后，他们统治下的区域就称作 beylik。后来的奥斯曼帝国，前身也是马尔马拉海南岸的一个 beylik。

Bey 是土耳其人的祖先从中亚带来的称呼，在奥斯曼帝国时期，这个词写作 بك（beğ）。同样起自中亚突厥部落的莫卧儿王朝，在进入南亚次大陆以后，官方语言很快改用波斯语，但是也同样继承了这个中亚来的称号，变为 بیگ（beyg）。相应的女性称呼则是 بیگم（beygom，-om 相当于"我的"），这个称号至今仍在南亚次大陆广为使用。和 efendi 一样，这也是一个分布广泛，从东欧直到中国新疆都在使用的称号。清末以前，新疆南部各地的主要城市都任命有"伯克"（维吾尔语 beg），负责管理当地地方事务。整个官僚体系由三品到七品的各伯克充任，负责处理税收、公文、果园管理、法律诉讼、监狱系统等各项事务。和西南地区的"土司"不同，乾隆以后，"伯克"不能世袭，由当地驻扎大臣管辖，并实行回避制度，不在本地任职。伯克中地位最高的是阿克苏、喀什噶尔、叶尔羌（今莎车）、和阗等大城的"阿奇木伯克"（维吾尔语 hakim beg），官居三品，与顺天府（今北京）府尹品级相同，地位崇高。

和 efendi 来自西方的希腊不同，beg 却是来自东亚大陆的。作为官衔名的 beg 最早出现在蒙古鄂尔浑河谷的碑文中，在毗伽可汗碑上，可汗一开始就明确了碑文的预设受众："……九姓乌古斯、两姓阿跌、游牧的伯克们和部众……"（...toquz oγuz, iki ediz, kerekülüg begleri bodunï...）。后来遍布亚洲的"伯克"的原型已经出现（-ler 是复数），甚至在更早的反映蒙古语系的慧苏图鲁盖石碑上已经出现了"……部众伯克们……"（...bodı begeyńar...）。显然此时的 beg 还是一个尊贵的称号，并没有像后来贬值到人人可用。

不过这或许也不是"伯克"最早的来源。

《左传》是先秦时期最知名的史书之一，凡是读过《左传》的人，几乎都读过《左传》的开篇《郑伯克段于鄢》，这里的郑伯是指郑国的国君郑庄公。

如果仔细阅读《左传》，里面的各路诸侯都会有一个相对固定的称号，如齐侯、晋侯、楚子、许男之类。传统上的解释为，周朝有公、侯、伯、子、男五等爵位，各诸侯国国君的爵位为这五等爵中的某一等，所以就以爵位称之。在重要诸侯国中，宋国由于是前朝王室后裔，是周朝的宾客而非臣子，因而称"公"，其余诸侯多为侯以下的爵位。侯国有燕侯、齐侯、鲁侯、卫侯等，多为周的同姓分封国。伯以下是理论上的小国，如郑伯、秦伯、楚子、莒子、许男之类。由于春秋以降礼乐崩坏，周天子对诸侯国也逐渐丧失了约束力，因此爵位的大小和国家实际的强大程度脱钩，如楚国、秦国都成为独霸一方的强国，而爵位高的卫国反而因为缺乏发展空间兼之受大国逼迫，生存困难。各司其位的五等爵制度可能只是一个理想状态，在周朝青铜器上的金文里，就出现了一个国家的爵位和传统说法不一致的现象，如在许子簠的金文中，许君不称"男"而称"子"。

无论五等爵在周朝是不是曾经严格实行过，有一点是可以肯定的，周朝一些诸侯国君主确实称"某伯"。"伯"是一个非常古老的称呼，早在商朝的甲骨文中就已经出现，不过当时一般就写"白"，如"盂方白炎"即盂国的首领炎。而且汉语传统上的兄弟排行为"伯仲叔季"，以"伯"为长。由此可见，"伯"为尊长、首领早就已经在汉语中出现了。而在春秋时期，出现了春秋五霸，这里的"霸"也和"伯"有千丝万缕的联系。

"霸"本是一个表示月相的字，经常出现在"既生霸"（月光渐盈）、"既死霸"（月光渐亏）之类的词组中。月相和是不是能称霸并无关联，后来的"霸主"这个词只是借用了读音相近的表示月相的"霸"字书写而已，它的含义仍然是"伯"的派生。事实上，"春秋五霸"仍然可以写成"春秋五伯"。

语音上说，上古时代表示一方首领的"伯"和能统领诸侯的"霸"差别甚小，只是后者为去声。在上古时代，汉语存在很明显的去声和非去声交替构词的现象，这种现象直到今天在普通话中还留有相当多的痕迹。譬如"量"的 liáng 和 liàng 两个读音，"分"的 fēn 和 fèn 两个读音，"家"和"嫁"、"张"和"胀"、"纳"和"内"、"买"和"卖"、"责"和"债"、"结"和"髻"、"列"和"例"等等。

这里面每组字后者由前者派生，派生后意思发生变化有多种情况，譬如动词名物化（"量"的两读），名词转为动词（家—嫁），动作方向变动（买—卖）。这些用去声构词的方法部分可能源自原始汉藏语时代，是原始汉藏语的一种构词法。藏文的 -s 在很多情况下对应汉语去声，如"二"在藏文为 གཉིས（gnyis）。而在藏文中，也有 -s 用来构词的现象，如བགྲང（bsgrang）表示"点数、测量"，而གྲངས（grangs）表示"数字、数量的现象"，与汉语"量"的两个读音用法如出一辙，又有 ཟ（za）表示"吃"，ཟས（zas）表示"食物"。"霸"也正是"伯"派生而来。在印度北部，紧邻克什米尔的喜马偕尔邦的奇纳布河谷的一种汉藏语——步难语中，"杂草"是 sur，"除草"是 surt；在尼泊尔东部的林布人的语言里"蛋"是 /thi:n/，"下蛋"的动词词根是 /thi:nt/，有可能和"伯""霸"的派生有相似之处。

"伯"在汉语中有如此久远的历史，那么在古代传到北方草原也是有可能的。在敦煌发现的反映 9~10 世纪西北地区汉语读音的藏文注音版《千字文》中,"伯"的藏文注音为པེག(peg)。如果这个读音能反映北方汉语中"伯"稍早的读音的话,那么古突厥语将"伯"借用为 beg 就可以理解了——古突厥语词首没有 p,只有 b。

事实上,相对其他词汇,称号和头衔非常容易跨语言传播。今天中国都市白领对英语中的 CEO、VP 耳熟能详,而在清宫戏的熏陶下,大概只要看过电视的中国人就知道"贝勒""福晋"这些来自满语的称号。更加有利于称号传播的还在于称号本身的一个特质:一个称号一旦投入使用,几乎必然会陷入因越来越多的人使用导致持续贬值的恶性循环。Bey 已经从"首领"贬值成了"先生"——汉语的"先生"本身也是贬值产物——而贵为副总裁的 VP,在许多公司分量几斤几两,白领们自然清楚得很。晚清太平天国更是在短短十余年间,"王"的数量从五人增长到万人以上。由于几乎所有称号都处于贬值循环中,那么为了维持称号持有者原本的地位,新的称号就得不断出现。此时,借用其他语言的称号往往是个经济有效又有面子的做法。

以"贝勒"为例,贝勒是满语 beile 的音译,可以溯源到金朝女真人的称号"勃极烈"(begile)。而女真时期还有另一个称号"勃堇"(begiin),这两个称号就有可能和 beg 有关,属于女真人借入的称号。而在蒙古语里面,则有个汉译为"别乞"(beki)的称号。也就是说,汉语的"伯"自中古时期以来,一直流传于北方的草原和密林中,一直到清朝以"贝勒"的形式回到汉语。

不过,我们暂且先离开北方的大草原,回到数千年前华夏先民居住的中原。

"后"——最早的尊贵头衔

当今中国绝大部分场合下都使用简体字,但是偶尔在写书法等情况下还是会用繁体字,然而用惯简体字的人要写繁体可是陷阱重重。在多数情况下,简体字和繁体字是一一对应的,但是在少数情况下,也有一对多的情况。有用惯简体的人在使用繁体字时把"皇后"误写成了"皇後",这是误以为简体字的"后"一定对应繁体字的"後"。事实上,"皇后"的"后"在繁体字里也是"后","皇后"并不是皇帝身后的女人,此处的"后"和后面的"后"(後)只是在普通话里是同音字而已,意思上没有关联。

"后"本非女性的专属称呼。根据中国人的古老传说,夏朝王族称作"夏后氏",夏朝有穷氏的领袖名"后羿",周朝人的祖先是"后稷"。这些夏后氏的成员和后羿、后稷都是男性。而在神祇之列的,则有所谓"皇天后土","后土"是天下地神之宗,土地最尊之神。

这里所有的"后"本义都是首领。在上古中国,作为帝王配偶的"后"在周朝以来才出现,本也是取"首领"的意思。这大概是中国最古老的对领袖的称呼,来自汉藏语中对"头"的称呼。在藏文中 མགོ (mgo)表示"头",而དབུ

（'go）有"首领、头人"的意思，在茶堡嘉绒语中，"头"是 /tɯ ko/，湘西土家语中"头"是 /kho⁵⁵ pa⁵⁵/，丽江纳西语中"头"是 /kv³³/。在世界范围内，首领由表示"头"的词转义而来非常常见，英语的 chief，西班牙语的 jefe，俄语的 главный，这些表示领导的词都来自于"头"。缅甸对于男性的尊称"吴"（ဦး/u:）也是来自于古时对"头"的称呼。缅甸男性称"吴某某"，如"吴努""吴登盛""吴奈温""吴巴瑞"等，缅甸人并无姓氏，这些缅甸人自然也不姓"吴"，这些"吴"只是他们的尊称罢了。

甚至在已经灭绝的西夏语中，"头"也是这个词。当今我们对于西夏语语音的了解大部分仰赖于一本叫作《番汉合时掌中珠》的书。这本书刊行于1190年，是西夏人骨勒茂才撰写的"汉语-西夏语字典"。这本书在西夏时代主要是方便汉人和西夏人学习对方语言的，书中序言就说到："不学番言，则岂和番人之众；不会汉语，则岂入汉人之数。"该书当时可能因为实用相当受欢迎，但是随着西夏的消亡和许多西夏书籍一样销声匿迹。

1909年，俄国探险家在内蒙古额济纳旗盗掘西夏黑水城遗址，发掘出大量西夏古物运回俄国。俄国汉学家伊凤阁慧眼识珠，收下了《掌中珠》，这本消失已久的书才重见天日。在《掌中珠》中，西夏语的"头"用了汉字"吴"来注音，而在另外的藏文注音的文献中，相同的西夏字又注音为དགུའ（dgu'）或རྒུ（bgu）。虽然当今学界对古代西夏语的复原仍然存在诸多争议之处，但是一般认为在西夏党项人的语言里，"头"应该音近 *ɣu 或 *ɣʊ，声调为一声，和"后"是同源词。

然而在汉语中，"后"表示"头部"的意思却早早消失，几乎从最早出现文字开始，汉语就已经不再使用"后"来表示头，而是使用"首"。

"首"是一个非常神奇的汉字，它的神奇之处在于和"手"同音。汉语中同音字很多，但是大部分情况下，同音字的意思差别比较大或者一般用在不同的场合，不至于会发生严重混淆。但是"首""手"两字一个表示"头"，一个表示"手"，都是人体器官，经常出现在同一语境，完全无法区分。假设我们今天仍然用"首"表示头，那么在听到"抬手"和"抬首"时就完全不能区分了。

如此不同的两个器官在汉语中居然同音，也无怪乎中古以来"首"在口语中基本被"头"取代。然而"头"是战国时代才出现的说法，在上古时代，华夏先祖显然并不觉得"首""手"同音是个大问题。合理的解释是，当时"首"和"手"并不同音。

汉字中"首"用作"道"的声旁，为了解释这两个字的谐声，上古汉语的研究者认为它们的声母都以 l 为基础。如在郑张尚芳体系中，"首"是 *hljuʔ，"道"是 *lˤuʔ；潘悟云体系中，"首"是 *qhljuʔ，"道"是 *lˤuʔ；白一平—沙加尔体系中"首"是 *l̥uʔ，"道"是 *[kə.l]ˤuʔ。"手"在三个体系中分别是 *hnjuwʔ/*m-ljuwʔ/*n̥uʔ。这三种上古音体系中

"首"和"手"的读音差别都很大。

把"首"和 l 联系起来在汉藏语中并非没有旁证,喜马拉雅山南麓的米佐语"头"就是 lu。不过更耐人寻味的证据并不是来自喜马拉雅山南麓,而是太平洋。

新西兰差不多已经是世界的角落,就算是交通发达的今天,从中国任何一处乘飞机抵达新西兰几乎都需要 10 小时以上的飞行。即便是距新西兰最近的大陆澳大利亚,离新西兰也有 2000 公里。

1642 年 12 月 13 日,荷兰东印度公司的船长阿贝尔·塔斯曼抵达新西兰南岛。此时距离塔斯曼船长 8 月 14 日从巴达维亚(今印度尼西亚雅加达)出发已经过去了 4 个月。塔斯曼船长一度认为他已经抵达了南美大陆西海岸。5 天之后,他抵达了新西兰南岛的西北海岸,在这里,塔斯曼发现岛上有原始居民。随后发生的事情不是很愉快,岛上的居民划着独木舟试图攻击荷兰人的船只,塔斯曼船长放弃了在这片新陆地登陆的计划,扬帆而去。

直到近 130 年后,才有欧洲人再次造访这片土地。英国船长詹姆斯·库克在新西兰登陆,并宣布这里是英国的殖民地。随着和岛民的接触,欧洲人了解到,这些岛民自称为"毛利人"。他们说毛利语,这是一种和太平洋岛屿上的塔希提语、萨摩亚语、汤加语和夏威夷语颇为接近的语言。毛利人的祖先曾经是杰出的航海家,早在欧洲人的船只抵达南太平洋前几百年,毛利人的祖先就划着被称作 waka 的木船从北方的太平洋诸岛抵达新西兰。

在毛利语中,"头"的发音是 uru,uru 也是毛利"部落酋长"的称呼。在太平洋诸岛上,"头"在萨摩亚语中说 ulu,汤加语中说 'ulu,斐济语中说 ulu。而在印尼诸岛上,"头"的说法也几乎相同。弗洛勒斯岛芒加来语中说 ulu,爪哇语中说 ulu,巴厘语中说 ulu,苏拉威西岛的望加锡语中说 ulu,婆罗洲的伊班语中说 ulu,马来语中说 hulu。"头"在菲律宾他加禄语中说 ulo,宿务语中说 ulo。而在所有南岛语的原乡台湾岛,南部的排湾语中"头"说 qulu,西北的赛夏语中说 ta'oeloeh,东北宜兰地区的噶玛兰语中说 uxu。"头"是整个南岛语分布最广泛的词汇之一,大陆上的壮侗语中也有类似的词汇,云南东南的布央语中"头"是 /qa ðu[11]/。更为惊人的是,在广东怀集,也有人用类似的发音。怀集县属于肇庆,大部分居民日常使用粤语,但是在诗洞、永固等乡镇的许多村寨说一种叫作"标话"的语言,其中"头"的发音是 /ha^{22} lo^{35}/。

而在泰语中,有个用来表示"发髻"的词 เกล้า(klao)。泰人束发髻的习惯来自古代东亚的祖先,成年男性发型受到古代高棉影响,早早就以短发为主。在上古东亚,"发髻"是个重要而基本的词汇,只是和中原发髻一般在脑后不同,南方民族的椎髻一般比较靠前,而且和头部的连接处不收窄,海南黎族甚至可以把发髻束到额头上。与之相应,泰语的"发髻"一词在广西的壮语方言中也可以找到同源词,在广西西南部龙州的壮语里,"发髻"为 /kjau³⁵/。不过在更北方的壮语方言中,这个词却不是"发髻"的意思,如在广西中部宾阳的壮语里 /klau³³/ 就是"头"的意思,甚至在泰语中,一些固定用法里,เกล้า 依然是"头"的意思。

如果这些词确有关联,则它的辐射能力非常惊人。在人类进入现代社会之前,大多数人可能一生的活动范围也就是方圆百里的区域,然而"首"这个词却可以北达华北,南到新西兰,西及喜马拉雅南麓,东到南太平洋岛屿。而这一切都是在没有飞机、汽车、汽船的时代,从中国出发的一波波移民传播的结果。

"汗"与"可汗"

倘若"首"的扩散主要靠移民,另一个从亚欧大陆东部出发的词则是靠着刀剑传播的。

我们可以先回到奥斯曼帝国宫廷之中,当奥斯曼帝国成为横跨欧亚非三大陆的大帝国时,bey 作为称号已经不敷使用,因此奥斯曼的最高统治者开始称"苏丹"。然而"苏丹"并不是奥斯曼帝国最高统治者称号的全部。一般来说,奥斯曼的最高统治者的称号为"Sultan+名+Han",如一个叫 Ahmed 的苏丹就是 Sultan Ahmed Han。Han 即中国人熟知的"汗",奥斯曼帝国保留这个称号以体现自身的草原游牧民族来源。

"汗"以及"可汗"大概是全亚欧大陆对欧亚大草原的游牧政权统治者最熟悉的称呼。鲜卑、突厥、回鹘、黠戛斯、契丹、女真、蒙古、后金、奥斯曼、喀山、克里米亚、保加利亚等政权都使用过"汗"或者"可汗"称号。早在元朝建都大都之前，蒙古人就称呼金中都为"汗八里"，建立大都以后，这座城市在北方草原仍然叫"汗八里"，即"汗的城市"。在《马可波罗游记》中"汗八里"拼为 Cambaluc。

一般认为"可汗"最早起源于 3 世纪，当时乙那娄称呼慕容鲜卑首领"慕容吐谷浑"为"处可寒"。随后 4 世纪的柔然汗国正式以"可汗"作为最高统治者的称号，首任可汗为"丘豆伐可汗"。

但是"可汗"还可以追溯到更早的匈奴时代。匈奴最高统治者称"单于"，并非"可汗"，但是匈奴单于都会冠称号，如"老上"单于、"军臣"单于等。其中有个称号为"呼韩邪"，匈奴历史上一共有两位呼韩邪单于，一位是西汉宣帝、元帝时期的呼韩邪单于，也就是王昭君和亲以后的首任丈夫，另一位则是东汉南匈奴的首位单于，后来南下依附东汉的呼韩邪单于（也称"醯落尸逐鞮单于"）。可见"呼韩邪"是匈奴时期一个相对常见的官号。现代普通话含有 u 韵母的许多字在上古时期韵母是 a，"呼"就是其中之一。因此"呼韩"基本就是后世的"可汗"的等价品，早在西汉时期，"可汗"的原型就已经出现。此外，西汉末年到王莽新朝时代的匈奴乌珠留单于曾经因为死了好几个左贤王，觉得"左贤王"这个称号不祥，就把"左贤王"改称"护于"，可能也是"可汗"的一种早期形式。

匈奴人有自己的语言，后世东亚大陆北方草原林地的语言大多属于突厥、蒙古和通古斯这三类语言中的一员，然而匈奴语似乎是个重大例外。

我们对匈奴语的了解少得令人吃惊，匈奴人从战国一直到十六国时期都是华夏北方的重大威胁，匈奴南侵和汉朝北伐几乎是贯穿整个两汉的战争主线，由此诞生了无数英雄故事。张骞通西域、昭君出塞、班超投笔从戎、苏武牧羊都和匈奴有直接的关系。匈奴自身没有文字，因此对匈奴语的记录只能依靠汉语史料。虽然汉与匈奴远远称不上友好邻邦，但是因为长期交流和人员往来，汉人中应该也不乏懂匈奴语的。然而和后世的北族语言比起来，我们几乎很难找到汉人对匈奴语的系统描述，匈奴语的相关信息往往都是散落在各类史籍中的只言片语。

或许在纸张还未发明的年代，书籍尚且是奢侈品，不应该用来记录蛮族的语言，又或许曾经有汉人记录过匈奴语，但是后来由于时间和战乱散佚。无论如何，我们了解到的匈奴语的词汇中有明确意思的只有数十个。比较有名的有匈奴单于的完整称号"撑犁孤涂单于"，"撑犁"即"天"，"孤涂"即"子"；另外还有"居次"是"女儿"，"阏氏"是"妻子"等。在几百年的接触中，汉语几乎成功地避免了吸收来自匈奴语的任何词汇。当今汉语中除了"单于"这样的专有名词，唯一还在使用的匈奴语借词是"醍醐"。这是一种奶制品，对于从古至今绝大部分人口乳糖不耐受的中原人而言，如果只从匈奴语中借一个词，"醍醐"中选是大概率事件。饶是如此，如果不是中古时代翻译佛经时用"醍醐"指代"酥油"，并出现了"醍醐灌顶"这个成语，恐怕"醍醐"也很难在汉语中生存下去。

"撑犁"为"天"在今天的内亚草原仍然非常常见。蒙古人把天称作 tngri，新疆的天山在维吾尔语中称 tengri tagh。草原民族互相之间借用词语稀松平常，中古时期室韦部落渠帅号"乞引莫贺咄"，突厥汗国也有可汗号"莫贺咄"。蒙古人则用 baγatur 表示"英雄"，这个词进入满语变成 baturu（巴图鲁），俄语的 богатырь（bogatýr'）也来自一样的词根，甚至匈奴冒顿单于号"冒顿"亦可能与此有关。这些语言亲缘关系上千差万别，但是由于北方草原上的共同文化习俗，使得 baγatur 能够轻易跨过语言障碍进入北族各路语言。同样，突厥汗国时代可汗的子弟称为"特勤"（tegin），鄂尔浑谷地古碑"毗伽可汗碑"和"阙特勤碑"的主人即是一对兄弟。北魏时代对皇亲则称"直勤"，和"特勤"只是一个词在不同时代的翻译而已。这个称号甚至一度进入汉语，曾陪伴唐太宗作战的昭陵六骏中的一匹黄马称"特勤骠"，唐朝时契丹也有一位可汗称作"痕德堇可汗"，辽朝则有称为"惕隐"的官职，相当于"宗正"。

然而"孤涂"表示"子"在今天常见的草原语言中几乎都难以找到合适的对应。"孤涂"并非一个真正意义上的称号。"子"在每一种语言中都属于很基本的词汇，一般情况下不同语言很少互相借用。如果套用今天的情况，那就是再满口英语的都市白领也不大可能说出"你家son最近怎么样？"这种话。

"儿子"的读音与上古汉语"孤涂"相似的语言在草原上几乎没有任何线索，然而在贝加尔湖附近的林海雪原里，两种已经消亡的语言却给解决问题带来一丝曙光。旁普科尔语是历史上生活在贝加尔湖西北面的森林中的西伯利亚土著语言，早在18世纪就随着沙俄的东进渐渐消亡。不过在其消亡前，其中的少数词汇被记录下来。在旁普科尔语里，"儿子"的发音是phálla，稍南侧同样已经灭绝的阿林语中"儿子"读作bĭkjàl。在这类语言中，b表示"我的"的意思，因此"儿子"的词根分别是hálla和kjàl，与上古汉语的"孤涂"稍相近。这类语言大多分布在叶尼塞河流域，因此被称作"叶尼塞语系"。在历史上，叶尼塞语系的分布比现在要广，蒙古高原北部的河流名称不少来自叶尼塞语。叶尼塞诸语里把人称作kit（旁普科尔语）或/kɛʔt^{34}/（克季语，目前唯一存活的叶尼塞语），和五胡乱华时期的"羯"颇为相似。某种语言中的"人"演化为其所在群体的自称是常见现象，而羯人向来被认为是匈奴别部。

历史上的羯语几乎只记录下来了一句话：后赵首领石勒想要征讨前赵首领刘曜时，石勒询问来自龟兹的僧人佛图澄这次出兵的结果。佛图澄说了一句非常耐人寻味的话："秀支替戾冈，仆谷劬秃当。"《晋书》里对这句话进行了解释，

"秀支"是"军","替戾冈"是"出","仆谷"是刘曜的官号,"劬秃当"是"捉"。也就是说,佛图澄做出了预言,刘曜将会被军队俘获。果然,刘曜被石勒军所俘,后被杀。

由于羯语可能与匈奴语同根同源,对这句话的解读向来被认为是解开匈奴语言之谜的关键信息。解读尝试主要有古突厥语和叶尼塞语,其中叶尼塞语相对成功,但是也还远未到可以一锤定音的程度。

如果匈奴语确实和叶尼塞语有关系,那么"可汗"和"汗"之间的关系或可得到解释。对"可汗"和"汗"区分最清楚的是蒙古人,窝阔台以后蒙古大汗称"合罕"(qaɣan),其他汗国的统治者则称"汗"(qan)。而在古突厥碑文时代,"可汗"和"汗"多少是可以换用的,如在翁金碑的主人是突厥贵族阿史那咄悉匐,立碑者是他的儿子。追溯突厥先祖射摩可汗时,碑文在一行中先后把射摩称作"可汗"(qaɣan)和"汗"(qan),而立碑者对父亲的称呼既有 bäŋigü qaɣanïm(我永恒的可汗),又有 ädgü qan(尊贵的汗)。在季特语中,"大"为 /qaʔ^{34}/,"可汗"也就可以解释为"大汗"。

这样的解释是否正确尚且有待时间验证,但是"可汗"确实是个较为幸运的称号,在这个称号出现至今的 1000 多年间,神奇地抵抗住了称号贬值的大趋势。相比之下,匈奴人的"单于"运气就没有那么好了。

贬值的"单于"

"单于"的贬值大约始自东汉的南北匈奴分裂时期,此时出现了一南一北两个单于,"单于"丧失了草原共主的光环。随后"单于"的贬值进入了恶性加速阶段。东汉末年北方可谓"单于"蜂出,光是乌桓就一下子冒出了四个单于,分别是辽西的蹋顿、辽东的苏仆延、上谷的难楼、右北平的乌延。这么多单于还都是东汉册封的,背后则是袁绍为了笼络北方乌桓势力而大派官衔。

能由中原王朝一下封了好几个并列的单于,可见"单于"的称号已经变得多么不值钱。贬值到了这个程度,"单于"这个称号已经不再适合草原霸主。五胡十六国时期,北族不得不在"单于"前面冠上"大"字来抵抗这种迅速贬值的趋势,然而很快"大单于"也不顶用了。羯人石勒自称"大赵天王",立石弘为太子,石宏为都督中外诸军事、大单于、秦王,可见"大单于"已经只是王子的封号而已。在五胡十六国以后,"单于"作为称号销声匿迹,没有哪位草原霸主愿意使用这个过分贬值的称号。

尽管如此,"单于"退出历史舞台后不久,柔然汗国出现了一个叫作"达官"的称号,如《资治通鉴》中提到,柔然乙旃达官进犯西魏广武被击败。隋朝的粟特人首领虞弘的墓志提到他的父亲曾经在"茹茹国"担任"莫贺去汾达官",所谓"茹茹"就是柔然的另一种翻译。在突厥时期,

"达官/达干"的应用更加广泛。突厥权臣暾欲谷的完整称号为"毗伽暾欲谷裴罗莫贺达干"（Bilgä Toñuquq Boyla Baya Tarqan），除此之外，还有"阿波达干""乙利达官"等。"达干"偶尔还可以作为更高级的称号，唐朝开元年间，西域的拔汗那国（今乌兹别克斯坦费尔干那谷地）的国王叫"阿悉烂达干"。在古突厥碑文中，这个官称通通写成 tarqan。

"单于"消失不久，"达干"就出现了，恐怕并非偶然现象。需要解释的是，为什么两者差别如此之大。

几乎仅凭着"单"本身就可以看出，"单于"在汉朝时的读音大约不会是普通话里的 chányú。普通话里"单"有 shàn、chán、dān 三个读音，以"单"为声旁的汉字有"惮"、"掸"、"阐"等，读音多种多样。与"单"声旁情况类似的声旁不少，如"周"声旁的字有"鲷"、"调"，"真"声旁的字有"滇"、"填"、"慎"，"蜀"声旁的字有"独"（獨）、"烛"（燭）。要追溯这些字上古时期的读音的话，就得对这些谐声字是如何演化出来的有合理的解释。

在汉藏语系其他语言中，很多同源词尚保留了比汉语更古老的读音，如藏文中"真"的同源词为 བདེན（bden），而越南语中在上古时代从汉语借用的"烛"读 đuốc（意思为"火炬"）。这些字在上古时代声母为 *t、*d、*th，单于的"单"的声母可以认为是 *d。汉朝对外语名字的音译向来可以把 -r 翻译成 -n。因此，如果当时匈奴语中的"单于"是个类似 *darya 的读音的话，汉语用"单于"来翻译是最合适的选择。

事实上，几乎可以肯定古代突厥语的 tarqan 也是从其他语言中借用的。古代突厥语的 tarqan 不但出现要晚于柔然语的"达官"，更重要的是，古突厥语中大多数名词复数是在词汇后加 -lar/-ler，这是从古至今突厥语系语言最常用的复数词尾。但是 tarqan 的复数却并非按照规律变成 tarqanlar，而是 tarqat。

词尾 -n 变 -t 为复数是蒙古语系的重要特点。成吉思汗家族为"孛儿只斤氏"，蒙文写法 Borǰigin。在清朝，康熙的祖母孝庄文太后就是"博尔济吉特氏"，她出身蒙古科尔沁部，祖先是成吉思汗的弟弟拙赤合撒儿，属于成吉思汗家族。满文 Borjigit 来自蒙文 Borǰigit，就是 Borǰigin 的复数形式。

历史上的柔然曾是鲜卑别部，柔然语很可能和鲜卑语一样均属蒙古语系的语言。作为前后相继的草原统治者，古突厥语从柔然语中借用官职名称并不出奇，柔然语则又有可能从更早的草原霸主——匈奴语中借用词汇。无论柔然语是否一定属于蒙古语系，1975 年发现的慧苏图鲁盖石碑说明，在古突厥文字出现前，草原上已有可以刻于碑铭的蒙古语系语言。"单于"通过柔然语的"达官"接力到古突厥语的 Tarqan 的路径完全可以走通。

中古以后的 tarqan 并没有摆脱贬值的霉运。辽朝时县官称作"达剌干"，蒙古时代，成吉思汗对曾经有救命之恩的人授予"答剌罕"，"答剌罕"意为"自由者，不受统治者"，在《蒙古秘史》里汉译为"自在"。答剌罕具有一些特权，如可以走入大围猎的中心地带，有犯罪豁免权，可以占有封地、免除赋税等等。不过很快"答剌罕"就变成了肆意乱发的名号。元朝甚至招募愿意从军的社会闲散人员，组成不给粮饷、补给纯靠掳掠的非常备军，号称"答剌罕军"。

匈奴历代单于无论如何都不可能预料到，自己的官称"单于"会沦落为杂牌军的称号。

文艺和不文艺的中国地名

熊在苍山跳
离不开"勐"的壮侗人
山东的壮语地名
中国城市在外语中的称呼
敦煌、敦薨与吐鲁番
妙香国和郁金地
中国的江河

今天中国所有的"文艺青年"和"文艺中年"心里大概都会有一个在大理望云发呆的梦。这座滇西小城集壮美的自然风光和丰富的人文景观于一身,加上金庸先生笔下神秘的大理国和段王爷,大概全国很少有其他城市能够如此受上天眷顾。

大理自然风光之丽,核心在于苍山洱海。大理古城位于苍山和洱海之间。这不仅使得大理风光绝佳,也使得古城位置重要,处于交通枢纽。因此,南诏国和大理国都以大理为都,在昆明崛起前,大理自然是云南的政治中心。

当然,对于文艺青年来说,望云发呆最好是能够在一个能看到苍山洱海的地方。洱海未必有那么容易看到,苍山却是极容易瞧见的。只要身处大理,这座黛色的高山几乎是没有办法从视野里消失的。

不过说苍山山色如黛倒也不完全贴切,大理城很少下雪,但是苍山上海拔更高,更加寒冷。除了盛夏以外,其他季节苍山顶部都被积雪覆盖,因此才有了"苍山雪"的说法。而在雪顶下一点,则是黛色的山林间夹杂着白色的雪点,形成一番斑驳的图景,因此大理苍山全称"点苍山"。

熊在苍山跳

这是关于"点苍山"来历最普遍的一种说法。很不幸,这个美丽的说法完全是无稽之谈。

东晋时四川人常璩写过一本描述中国西南地区的地方志《华阳国志》,这是苍山第一次进入中国典籍。书中对大理的描述有"……有熊仓山,上有神鹿……"这么一句。唐朝樊绰的《蛮书》则把苍山称作"玷苍山"。

到底是"熊仓山"还是"玷苍山",要看一下大理本地的白语对苍山的称呼。在大理下关的白语中,苍山称作 /tɕi³³ tshɔ⁵⁵ se³⁵/,意思非常明确,就是"熊跳山",和东晋常璩的描述完全吻合。

唐时的汉语"点"的韵尾是 -m,与今天的粤语相同,而现代白语的韵尾丢失非常严重,很难复原,不过就"熊"来说,有理由相信中古时代白语的"熊"就是 -m 韵尾,"点"是个非常准确的翻译。

今天的普通话和大部分方言里"熊"的韵尾都是 -ng,中古汉语也是如此。但是在中国的方言中偏巧有个例外:在厦门的闽南语中,"熊"的读音是 hîm。

福建的方言素以演变缓慢出名,崎岖的地形让福建的方言不容易受到外界音变扩散的影响,在很多方面保留了其他地方久已消失的古音。就"熊"来说,还有不少旁证说明上古时期这个字的韵尾应该是 -m。

楚国的国君是芈姓熊氏，但在东周时期的楚文字中，这个"熊"经常写作"酓"，一个声旁是"今"（-m 韵尾）的字。到了东汉《说文解字》里，许慎仍然认为"熊"的声旁是"炎"（-m 韵尾）。从字形上说，这是许慎犯了个错误，"熊"的声旁从来就不是"炎"，许慎出现这种失误应该归咎于当时"熊""炎"的读音非常接近。更加令人玩味的是，汉藏语中韵尾比较保守的语言中，"熊"的发音都收于 -m，如藏文中"熊"是 ཏོམ（dom），缅文中是 ဝံ（wam），川西马尔康市卓克基镇说的四土嘉绒语中"熊"是 tə-wám，喜马拉雅山南麓的米佐语中"熊"的发音是 vom。甚至连日语的"熊"都训读为くま（kuma），朝鲜语"熊"为곰（gom），一致指向 -m。

因此《华阳国志》里的"熊仓山"可能并非一个音译与意译结合的怪译，而是在东晋时，汉语的"熊"和白语的"熊"发音非常接近，同源关系一目了然。而到了唐朝，随着两种语言读音的逐渐变化，白语的"熊"已经不能和汉语的"熊"建立起明显的映射关系，因而只能采取音译的方法了。

相对语言中容易变动的那部分，地名却往往有着惊人的稳定度，许多在地名外早已丧失的信息，却能通过地名的记录保留下来。

除了"苍山雪"外，大理还以"洱海月、上关花、下关风"出名。上关位于洱海北端，而上关再向西北则是盛产牛奶的邓川。文艺青年趋之若鹜的大理名吃——乳扇的原料就多产在这里。今天的邓川只是一个镇，但是历史上它的名头要大很多。南诏统一六诏前，洱海北岸是六诏之一"邆赕诏"的领域。邆赕和邓川是一回事，《蛮书》中就已经提到白蛮语中"川"称"赕"。历史上大理附近地名带"川""赕""甸"的都不少，如剑川、宾川、楼头赕（今宁蒗北部）、罗共赕（今宁蒗南部）、濮赕（今南涧）、孟赕（今挖色镇）、禾甸、荞甸等等。

这些地名中，很大一部分在大理白语里都称 /ta^{33}/，即"平地"的意思。在中国西南多山的地形中，人口高度集中于山地中较平整的大小盆地里，这些盆地在西南地区称作"坝子"。虽然白语的韵尾已经掉得差不多一干二净，但是这个重要的词汇在独龙江河谷中的独龙语当中也有保留。独龙语中"平坝"称 /dəm^{55}/，和唐时汉语的"赕"对应非常好。樊绰对当时白蛮语地名的准确记录，让我们能够得知白语中久以丧失的语音原貌。

在整个西南地区，平坝的地位都非常重要。丽江坝在元朝时称"样渠头"，今天在纳西语当中，丽江称 /i^{33} gv^{33} dy^{11}/，和元朝的"样渠头"是一个名字，只是读音变化相当巨大，其中的 /dy^{11}/ 是纳西语"平坝"的意思。旧名"楼头赕"的泸沽湖地区，在纳西语中称为 /ly^{33} dy^{11}/。不过，纳西人和白族人可能还不是最看重平坝的。

离不开"勐"的壮侗人

我们先从云南向南移动 1000 多公里,进入泰国。泰语里"泰国"的正式名称很长,叫 **ราชอาณาจักรไทย**(Ratcha-anachak Thai),"中国"的名字也不短,叫 **ประเทศจีน**(Prathet Chin)。这是因为泰国人在正式场合使用了巴利语和梵语的借词,**ราชอาณาจักร** 就由巴利语的"王""秩序""轮"(引申为"权力",即所谓"转轮王")组成,**ประเทศ** 则是借用梵语的"国家"。但是在泰国日常对话时,提到"泰国""中国"几乎必然是 **เมืองไทย**(Mueang Thai)、**เมืองจีน**(Mueang Chin),**เมือง**(mueang)才是泰语口语中表示"国家"的词。

奇特的是,**เมือง** 并不仅仅表示"国家"。泰国行政区划是国家下分府,府下分县 **อำเภอ**(amphoe),一个府必然有一个府治县,相当于中国的省会,"府治县"称为 **อำเภอเมือง**(amphoe mueang)。这个府治县几乎一定和府同名,只是要在前面冠 **เมือง**,如普吉府(**ภูเก็ต**/Phuket)的府治县就是 **เมืองภูเก็ต**(Mueang Phuket)。也就是说,Mueang 既可以指"国家",又可以指"城市"。

泰国北方以前曾经是独立的兰纳王国,兰纳王国的都城就是今天泰国北方大城清迈。兰纳王国有着自己的语言文字,在兰纳泰语中,这种语言的自称是 ᨣᩤᩴᨾᩮᩥᩬᨦ,相当于泰文 **คำเมือง**(kham mueang)。由于 mueang 既可以表示"国家"又可以表示"城市",kham mueang 既有人认为是表示

兰纳文

（兰纳）"国语"的，又有人认为是表示"城里话"，以和周围山区的其他民族的语言进行区别的。更有意思的是，虽然大多数泰北人都以务农为生，泰北人却自称 คนเมือง（khon mueang），这个概念最贴切的对应或许是周朝的"国人"。

从清迈继续向北，越过老挝，就是中国境内的西双版纳。西双版纳的意思是"十二个版纳"。1570年，西双版纳第二十四世召片领（土司）整理行政区划，把三十多个"勐"整合为十二个"版纳"。十二个版纳叫景洪、勐遮、勐混、勐海、景洛、勐腊、勐很、勐拉、勐捧、勐乌、景董、勐龙,这是西双版纳现名的由来。"勐"字头地名在云南分布非常广,德宏州的各市县都有"勐"开头的傣语名,如芒市是勐焕,瑞丽是勐卯,盈江是勐腊,梁河是勐底,陇川是勐宛,除此之外,还有孟连、勐勐、勐板、勐来等等。甚至连腾冲在英语中的旧名也是 Momein。

形成鲜明对比的是,一旦离开云南,其他省份数以百万计的地名中几乎没有带"勐"字的,甚至在云南东北半部都基本没有带"勐"的地名。可以说,除了云南南部文山有一些壮语地名外,云南境内的"勐"字地名基本上都和傣语有关系。事实上,傣族熟悉的城镇也会有带"勐"的傣语名字,如昆明叫 ʰɲɔɴ ʊɴc/mɣŋ^{45} se^{24}/,腾冲在英语中的旧名最初的来源也是中国德宏的傣语或缅甸掸邦的掸语,只不过不作为官方名称使用罢了。

如果能够航拍,就会发现近乎所有的勐都是在山间的平坝上。西双版纳的勐海、勐混、勐腊、勐遮、勐阿、勐捧、勐满都处于一个个山间盆地里,盆地与盆地之间有天然的地理区隔。历史上,傣族土司地区的行政体系往往以"勐"为单位制定,一个"勐"由一个头人统治,实力较弱的"勐"则会成为"大勐"争夺的对象。而"勐"的行政中心一般都在城镇里,久而久之,"勐"就具备了平坝区域、国家和城镇的三重含义。当泰人的祖先南迁到平坦的湄南河下游的大平原后,虽然山间盆地已经不复存在,但是长期沿袭的习惯让泰人在继续使用"勐"作为行政名词。

而在临近的广西，虽然地名中不出现"勐"，却仍然在使用这个词表示"大片地方、疆土"，在靖西壮语中读作 /miŋ^{31}/。当地巫婆做法时候经常说到 /miŋ^{31} kjaŋ^{54} ha^{214}/，汉语直译为"云中域"，即"天庭"的意思。

广西地名中另一个常见的词是"峒"。

在《三国演义》诸葛亮七擒七纵孟获的故事中，孟获的老家是"银坑洞"。罗贯中对银坑洞的描述是"……洞外有三江……其洞北近平坦三百余里……洞西二百里，有盐井……西南二百里，直抵泸、甘……洞中有山，环抱其洞；山上出银矿，故名为银坑山。山中置宫殿楼台，以为蛮王巢穴……"

罗贯中笔下的银坑洞如此辽阔，肯定不是一个山洞。同样，孟获的小舅子是带来洞主，也断不会是一个蜗居山洞里的小流寇头子。这里的一个"洞"有山，有河，有田，有矿，俨然是一个自给自足的独立王国，就跟"勐"差不多。

此"洞"并非汉语的"洞"，而是壮侗语系语言中普遍使用的一个表示"田坝"的词，在壮语中为 /toŋ^{42}/（横县壮语）。后来"洞"像"勐"一样，演变为行政单位，更演变成为居住在"洞"中的当地人的称呼。如唐宋以来，湖北、湖南、贵州、重庆交界区域的武陵山区居民经常被称作"溪峒"。武陵山区四周开发较早，但是山区内部丘壑纵横、山岩耸立，一向被人视为畏途。早在东晋时期，武陵山区就充满了神秘色彩。陶渊明的《桃花源记》中，意外迷路而发现桃花源的渔夫就是武陵人。其后武陵山腹地长期以来都由溪峒土官管辖，土州以下设置峒。世居武陵山区的侗族之"侗"就来源于这个历史上的称呼。今天这个"峒"有好几个写法，广东广西都有大量的带"垌"的村庄，在贵州则有大量的带"洞"村名，都只是一个词不同的汉字写法。在两广乡村地区的粤语中，尚有说"出峒"表示"下田务农"的意思。

山东的壮语地名

壮侗地名的影响并不局限于中国西南。

《左传·哀公元年》有一句非常简短的记录："吴王夫差败越于夫椒"。夫椒之战是吴国的雪耻之战。所谓"夫椒"是今天苏州太湖里的洞庭西山，古称"夫椒山"；也有一说称今天无锡太湖边的马山也有古名"夫椒山"。今天的马山已经和陆地相连，成为太湖岸边的一个半岛，而马山外围水域太湖中属于常州的小岛分别叫"大椒山"和"小椒山"。夫椒之战后，吴国长驱直入攻入越国，越王勾践不得不投降称臣，开始了一段卧薪尝胆的艰难岁月。

无论是当时的吴国还是越国，大部分百姓都不说汉语。东汉时期，曾有一本叫作《越绝书》的奇书，记录了春秋末年吴越的情况，其中就有勾践灭吴的故事。当勾践做好准备，要北攻吴国时，他下令越国人修兵甲，进行作战准备，此即《维甲令》。这是越王对普通民众的命令，因此用了越国当地的语言，整个命令为："维甲者，治甲系断。修内矛，赤鸡稽繇者也，越人谓人铩也。方舟航，买仪尘者，越人往如江也。治须虑者，越人谓船为须虑。亟怒纷纷者，怒貌也，怒至。士击高丈者，跃勇士也。习之于夷。夷，海也。宿之于莱。莱，野也。致之于单。单者，堵也。"

《越绝书》的作者对其中越人语言的部分进行了翻译。毫无疑问，当时越国普通百姓说的并不是汉语，而他们的吴国对手，也并非说汉语的中原人。

根据春秋晚期吴国王室的自称，他们是周文王的伯伯泰伯和仲雍的后代。因为周文王的祖父古公亶父认为未来的文王昌有圣瑞，所以想要传位给文王的父亲——他的第三个儿子季历。季历的兄长泰伯和仲雍不愿意因此导致王位争夺战，主动让位，避居吴地，因此吴国王室是不折不扣的周王室成员。

然而吴国历代先君的名字对于一个当时的中原人来说肯定是匪夷所思的。从泰伯开始，吴国前四代国君为泰伯、仲雍、季简、叔达，尚且相当中原化；从第五代周章开始，则发生了极大的变化，五代以后的吴君为熊遂、柯相、彊鸠夷、余桥疑吾、柯卢、周繇、屈羽、夷吾、禽处、转、颇高、句卑、去齐、寿梦、诸樊、余祭、余眛、僚、阖闾、夫差。没有一位吴君的名字和当时的中原各国君主名字是一个风格。

吴国认祖中原很可能是为了参与中原政治游戏的手段。从常理来说，泰伯、仲雍单枪匹马跑到距关中 1000 多公里以外的土地上，迅速被当地人接受并且推为国君不是一件容易的事。实际上，就连"吴"这个名字都迷雾重重。吴国向来有"句吴"的说法，当时的中原各国从来没有在国名前冠"句"的。而在吴国自己的青铜器中，国名写为"工㦰""攻敔"等。无论"泰伯奔吴"有无其事，春秋晚期登上历史舞台的吴国多数人不说汉语是可以肯定的。吴地传承几千年的古地名如姑苏、无锡、句容普遍难以用汉语解读。

古吴越的语言很难破解，所幸"夫椒"由于早早就明确记录是"椒山"的意思，给这个地名的来源提供了重要线索。

今天的巴马恐怕是广西最声名在外的县。仅仅几十年前，巴马还是乏人问津的偏僻小县。近年却因为传闻巴马人寿命极长，百岁人瑞不在少数，让本来僻静的小县宾客盈门。

"巴马"实际上应该算是一个误写，本来的写法是"岜"。广西的地名经常出现一些只在当地才能见到的字，在进入铅字印刷时代以后，往往由于字库不支持而改为更常见的汉字。"岜"是一个专门用来写壮语地名的字，在壮语中意思是"石山"，在南宁北面武鸣壮语中读 /pla^{24}/，广西西南中越边境处的靖西读 /phja^{54}/，这是一个在壮语中非常常用的词。

2016年"花山岩画"被评为世界文化遗产,而所谓"花山"就是因为当地人会在沿河的石头山的石壁上用颜料画出各种各样的图画,被画得花花绿绿的山就叫"花山"。花山在广西沿着桂南的左江流域分布,主要在宁明、龙舟、崇左、扶绥、大新等县,大约创作于战国到东汉年间,在壮语中称作"岜莱",即"花纹山"的意思,武鸣音 /pla^{24} ɣai^{31}/,在"岜莱"最多的宁明县说 /phja^{33} la:i^{31}/。

上古汉语的"夫"就读 *pa,"夫椒"即"椒山"的意思,和古时的翻译完全吻合。更加有意思的是,我们还能在更北方找到"夫"的踪迹。《左传》中,有两处以"夫"为头的地名,一个叫"夫钟",一个叫"夫于"。这两个地方都在今天的山东境内,前者在今宁阳县西北,后称"龚丘县"。还有一个是后来的"於陵县",在今邹平县东南。这两处地方都在山东中部。从后来改名的龚丘、於陵可以知道两地都有山。不仅如此,山东还有相当一批地名和江浙地区地名有相似之处。如山东有潍坊,地名来源于潍河,江苏则有淮河;山东日照有会稽山,浙江绍兴也有会稽山——传说大禹封泰山,禅会稽山,会诸侯,如果有真实成分,以当时的夏部落的活动范围,在山东比在浙江的可能性大得多;山东曾经有姑蔑国、奄国,越国西界也出现了姑蔑。在今天的浙江衢州附近,江苏常州境内,则有一座称为"淹城"的城池遗址,在《越绝书》中称"淹君"地。山东还有无棣、无盐,江苏有无锡,安徽则有芜湖。

山东与江南之间的苏北一带也不乏这类神秘的地名。盱眙以养殖小龙虾出名，但是这个名字却是非常古怪的。"盱眙"出现在古籍中的时间很早，《左传》里记载仲孙蔑、卫孙林父曾经和吴国在一个叫作"善道"的地方会面。这个"善道"就是今天的盱眙县，当时算是吴国的北方疆土。《谷梁传》对这个地名进行了解释："吴谓善'伊'，谓稻'缓'，号从中国，名从主人。""善道"是这个地方的汉语意译，而在当地语言里，这个地名叫"缓伊"。秦朝时改名为"盱台"，后来又演变为"盱眙"，古代的汉语意译名被放弃，反而保留了古吴越语音译的名字。

《谷梁传》和《公羊传》中写的"稻"在其他文献中写作"道"。倘若认为"道"是正确解读的话，和"缓伊"最对得上的是一种壮侗语，广西北部罗城县的仫佬语。相对人口以千万计的壮语，使用人口只有区区五万的仫佬语传承已经比较危险。即使在罗城县，仫佬语人口也只占少数。在仫佬语中，"好路"说 /khwən^{42} i^{42}/。壮侗语和汉语的语序并不一样，中心词放在前头，所以 /khwən^{42}/ 是"路"，/i^{42}/ 是"好"。和上古文献对"缓依"的解读非常吻合。从山东到浙江的沿海区域在远古时都是东夷和百越之地，这些地名也应是东夷人和百越人留下的痕迹。从可以解读的地名来看，他们中很有可能有相当一部分曾经说某种壮侗语。

中国城市在外语中的称呼

我们在上古中国东海岸的旅程暂时告一段落，现在先把注意力转向华夏文明最早的发祥地——古中原。还记得粟特商人娜娜槃陀给总部发去的信件吗？在那封信中，出现了多座当时中国的重要城市，如洛阳、邺城、长安。不过在信件中，这些城市的发音都有些怪。

在信札中，长安拼为'xwmt'n，洛阳拼为Sry，邺城拼为'nkp'，姑臧拼写为Kc'n，金城拼写为Kmzyn，酒泉拼写为Cwcn。

当然，古怪的拼写很大程度上只是因为粟特语的拼写习惯。粟特文拼写时经常不写元音，粟特语的语音又和汉语差别很大，有时候不得不采取一些权宜之策。如粟特字母中没有表示ng的字母，因此对汉语的ng-声母拼写困难，只得用'nk表示，'nkp'就是"邺"（上古到中古汉语"邺"的声母是ng，参考梅县客家话"邺"/ŋiap⁵/）。Cwcn就是酒泉，姑臧

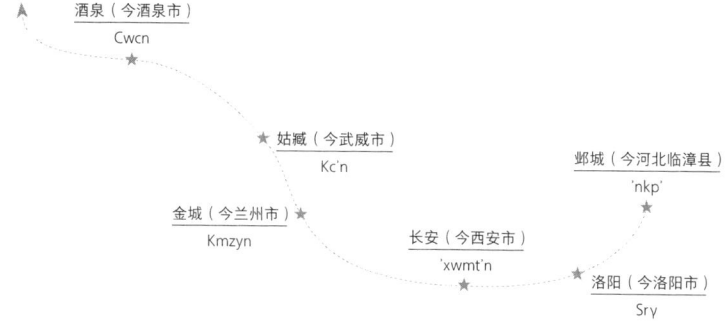

娜娜槃陀信中提到的地名及其分布示意图

则是今天的武威,"姑臧"这个名字本身并不是汉语名,但是娜娜槃陀的信里就是按照汉字姑臧拼写的对音。娜娜槃陀平时住在金城,也就是今天的兰州,正如我们之前说过的,当时"金"的韵尾还是 -m,所以拼写为 Kmzyn。

然而,长安和洛阳,这两座从周朝开始中国最重要的一对熠熠生辉的双子城,显然享受到了不同的待遇。不管再怎么发挥联想,'xwmt'n 和 Srγ 都绝不可能是"长安""洛阳"的音译。

娜娜槃陀只是一个在中国做生意的粟特商人,他来华的目的是赚钱。这封没有到达目的地的信是为了向老板告急并留下遗嘱,极度恐慌之下娜娜槃陀大概不会有闲心用一些修饰性的别称,就像日本人喜欢把京都称为"洛"那样。娜娜槃陀把长安和洛阳称作 'xwmt'n 和 Srγ,说明当时长安和洛阳在粟特人中就叫这两个名字。

粟特文的拼写习惯给后人解读 'xwmt'n 和 Srγ 平添不少困难。不过我们可以从其他文字中找到线索。

1623 年,西安以西的郊区。一户农民准备建房,往下挖掘地基时,铲子"砰"的一声碰到了一块大石头,继续挖下去,这块石头竟然是一块完整的石碑。这块石碑随后被安置在西安城郊的金胜寺内。

很快,这块唐碑的种种诡异之处就渐渐被人发现。这尊碑的碑头为《大秦景教流行中国碑》,而在这九个字的上方,竟然是一朵莲花托起一个十字架。而在碑的下部,更是有不明文字写的不知道是什么的内容。

岐阳一位叫张赓虞的读书人慕名前去参观,他之前接触过基督教,隐约觉得碑文内容似乎和基督教有关,于是拓了碑文,寄给自己信仰基督教的朋友李之藻。李之藻研读以后发现是基督教内容,又告诉了他的外国传教士朋友。这块碑的发现迅速在传教士中引发轰动。当时正在陕西一带传教的金尼阁更是匆匆前去研究。随后各国传教士纷纷把拓片寄回母国,这不啻为烈火烹油,一时在欧洲引发研究热潮,后来更有欧洲人试图把这块碑运回欧洲。

景教属基督教涅斯托利派,碑下部的非汉文是来自西亚的叙利亚文。在叙利亚文部分中,立碑者们留下了自己的身份,其中有一段为:

"ܐܕܡ ܩܫܝܫܐ ܘܟܘܪܐܦܣܩܘܦܐ ܘܦܦܫܝ ܕܨܝܢܣܬܢ"

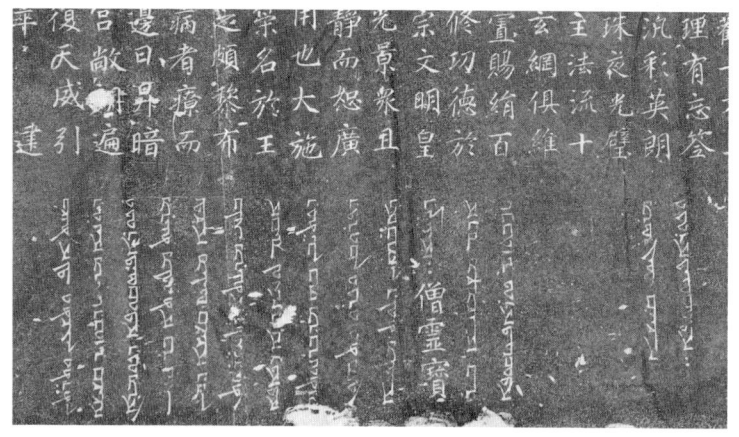

景教碑叙利亚文部分,采用竖写

这段的意思是"僧业利（Gbryʿyl/ 加百列），长安及洛阳执事、堂主"。当中长安拼写为ܟܘܡܕܢ（Kwmd'n），洛阳拼写为ܣܪܓ（Srg）。显然，几百年的时光并没有改变这些西域来客心中"长安"和"洛阳"的名字。粟特文其实就是脱胎于叙利亚文，不写全元音的习惯一脉相承。考虑到这两种语言转写汉语的习惯，省掉的元音多半是a，因此洛阳其实是被称作Sarag之类的音。唐朝僧人义净曾经撰写过《梵语千字文》，这是义净作为在天竺那烂陀寺留学十年、精通梵语的高僧编写的梵语教材，以期更多僧人能够学习梵语，继续前往天竺留学，提高佛学水平。书中洛阳拼为सरग（Saraga），汉字注音"娑啰誐"，说明当时天竺人也这样称呼洛阳。

普通话里的l声母在上古汉语中读r。如在"Ἀλεξάνδρεια（Alexandria）/ 乌弋山离"这组翻译中，"离"用来翻译外语的r。越南语借用上古汉语的"栏"表示圈禁饲养动物的猪栏、牛栏，发音为ràn（汉越音lan），借用"帘"读rèm（汉越音liêm），借用"龙"读rồng（汉越音long），尚能反映上古到中古汉语的语音变化。又因为古汉语有入声，"洛"在古代收于-k，粤语的"洛"至今还是lok，因此Sarag的rag就是"洛"。但是粟特人为什么要加一个sa，尚不清楚。

相对来说，"长安"则更加难解。如果说Sarag多少还和"洛"有点关联的话，"长安"和'xwmt'n或者Kwmd'n就很难看出任何联系了。加上叙利亚文和粟特文不完整书写元音的习惯，更是让"长安"之谜难以解答。

幸运的是，长安最为风光的大唐盛世也是中国对外交往最为开放的时代。虽然粟特文和叙利亚文元音难以揣测，但是同样用字母拼写，希腊文就能完整地写出元音。东罗马帝国历史学家西摩加达的历史著作中，这座伟大的中国城市被称作 Χουβδάν（Khubdan）或 Χουμαδάν（Khumadan）。

义净的《梵语千字文》并不是唐朝唯一的梵语教科书，另一位来自西域龟兹国的僧人利言撰写了《梵语杂名》。和《梵语千字文》一样，这本书在中国早已散佚，但是东传日本后则在日本保留了下来，其中胪列了一些梵语中的名词，盛唐中国的首都长安作为帝国京师也赫然在列。在《梵语杂名》中，京师长安的梵名为 कुमुदन（Kumudana），汉字注音"矩畝娜囊"。中唐以后，长安向西向北的汉语方言中，发生

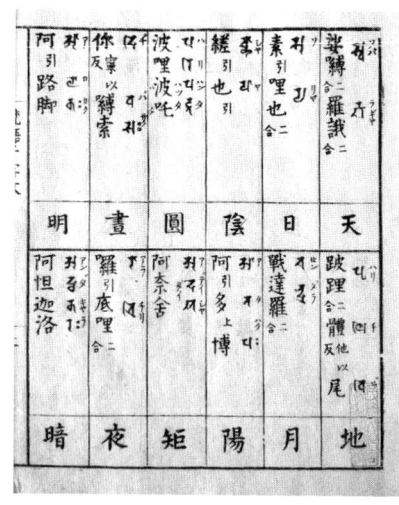

《梵语千字文》

了鼻音塞化的音变，即 m 变成 b，n 变成 d，ng 变成 g，但是如果这个字有鼻音尾，则这个音变的程度要轻很多，因此 da 用了"娜"来翻译，na 则用了"曩"。这种长安西北的方言的特征被日语汉音借用，所以日语中"米"南北朝时借用的吴音读まい（mai），来自唐朝长安的汉音读べい（bei）。由于古突厥、吐蕃接触的汉语多为西北地区的汉语，所以这两种语言中出现的汉语借词大多也遵循西北方言的规律，如古突厥语借用的地支中"戊"（中古早期为 m 声母，粤语读 mou）读 bou。抄写《佛顶大白伞盖陀罗尼经》的孟怀金可能有个兄弟，因为在另一卷敦煌抄卷，九世纪西藏高僧吉祥音撰写的《金刚萨埵问答》抄本下面，抄写者的签名为ཕུ་ཤི་མེང་ཧྭེའི་འགྱོག་ཀྱིས་བྲིས（phu shi meng hwe'i 'gyog kyis bris），即"副使孟怀玉书"。"孟"没有塞化，而中古声母为 g 的"玉"则明显发生了塞化，与同样塞化的闽南话"玉"的读音 giok 非常接近。

自古以来，长安位于华夏的腹心，域外人士没有理由画蛇添足编出一个无来由的名字。不过，"长安"显然和这个 Khumdan 是对不上号的，但是这个读音却留下了一个重要线索——这个地名的第一个字也收于 -m。

今天从西安向西北方向二十多公里，就是和西安隔渭河相望的咸阳。"咸"字在古汉语中就是 -m 尾，粤语的"咸"读 haam。"阳"同一个声旁的字有"汤""伤""荡"等，这个谐声系列的核心是 l，"阳"在上古汉语中读 *laŋ。由于粟特字母表示 ng 有困难，汉语的 -ng 韵尾几乎都用 n 表示，"金城""姑臧"盖莫如是。又因为 m 和 l 直接相连较难发音，所以才出现了 'xwmt'n。

咸阳最风光的时代是在秦朝。作为战国时期的秦国和秦始皇统一中国后秦朝的国都，咸阳显然给当时的西域居民留下了很深刻的印象。一般来说，我们追溯中原和西域交往的历史会想到张骞出使凿空西域，但是西域居民对"西安"称"咸阳"则明确说明早在咸阳是中国或者秦国政治中心时，他们就已经知道了这座城市。由于咸阳和西安紧邻，虽然后来汉朝唐朝的长安都在渭河以南即今天的西安附近，但是因为咸阳、长安两座古都距不远，西域居民仍然把这两座帝国中心城市视作一座城市，沿用了咸阳的旧名。

敦煌、敦薨与吐鲁番

而在娜娜槃陀提到的城市中，有一座城的名字确实不是汉语，那就是被娜娜槃陀称作 δrw''n 的敦煌。

《山海经》中，有一座叫作"敦薨"的山，敦薨山是敦薨水的发源地。敦薨水向西流淌，注入泑泽。和大部分中国河流自西向东流淌不同，敦煌附近河西走廊诸河由于地形向西面倾斜下降，受地形夹逼，大体都向西方流淌。今天敦煌城附近的党河在流过敦煌以后一段距离就已断流。历史上党河则最终与疏勒河汇流再向西流，最终注入新疆罗布泊，即《山海经》中的"泑泽"。而"敦薨"就是后来的敦煌。

传统上对"敦煌"地名的解释是"敦，大也；煌，盛也"，这是个望文生义的附会解释。如果按照这样的解释，更早的"敦薨"恐怕得解释为"大死"，不大可能有人乐意给这样一座沙漠中代表生机的绿洲起这种恶名。

我们一般说的西域指的是新疆和更西的地方，但是在先秦时期，西域语言的影响并非止步于今天甘肃新疆交界处的星星峡。根据《史记》记载，祁连到敦煌一带本是月氏部落的游牧地，"祁连"是匈奴语"天"的意思，此处的"祁连"一说是今天青海甘肃的祁连山，一说是新疆天山的东段。月氏一度非常强大，可以逼迫匈奴质子月氏。然而盛极必衰，匈奴质子逃回了匈奴，后来称为"冒顿单于"，并击败月氏，从此月氏西迁。张骞通西域最开始的目的就是试图联络月氏夹攻匈奴。

和"姑臧"不同，如果是要对应汉字"敦煌"，粟特人绝对不会用到δ这个字母，这个字母在粟特文中用来拼写类似英语th的读音，也就是国际音标里的/θ/。"敦煌"在当时西域人口中的称呼还可以从希腊文拼写中寻到痕迹。在二世纪中叶罗马地理学家撰写的希腊文著作《地理学指南》里，敦煌称 Θροανα（Throana），除了完整写出了元音之外，跟稍晚的粟特文的 δrw''n 基本相对应。此时远在罗马帝国的托勒密已经知道了敦煌的存在，如果要拼写汉语的"敦"，粟特文和希腊文都有非常方便的字母（t/τ），绝对犯不着多此一举用和汉语读音并不对付的δ/θ。

从敦煌再向西北走几百公里，通过哈密就是吐鲁番。吐鲁番在维吾尔语里叫 Turpan，在更早的于阗文中，吐鲁番称 Tturpąnä-kamtha，后一个词是"城"，前者即吐鲁番的本名。"吐鲁番"本身在维吾尔语中并无意思，这个地名来源于西域更古老的居民，在古代西域的印欧语中或许可以得到解释。Pan 来自一个表示"守护"的词根，在现代波斯语中是 بان（bān）；Tur 则来自一个表示"结实、稳固"的词根，在梵语中表现为ध्रुव（dhruva），在粟特语中为 δrwʾk，于阗语则是 druva-。这个词根在印欧语中分布极其广泛，今天英语的 firm（来自拉丁语）同样来自该词根。

尽管吐鲁番和敦煌古代本地语言并非梵语和粟特语，但是作为古西域的一部分，吐鲁番到敦煌一带曾经存在过印欧语却是确定的。号称"火州"的吐鲁番极度干热，传统上大部分居民依靠复杂的坎儿井系统从天山上引下融水进行耕作，是个典型的沙漠绿洲农业社会。但是在几千年前，吐鲁番一带比现在要湿润一些，曾经是游牧民的牧场。随着吐鲁番盆地气候日趋干燥，游牧逐渐不可行，牧民或者迁移到天山北麓，或者转变为依靠定居农业生活的农民。无论是牧民还是农民，都有很大可能是来自临近草原或者绿洲的说印欧语系东伊朗语和吐火罗语的居民。敦煌和吐鲁番有很大可能是同一个名字的不同翻译，这个名字的意思和"坚固、守卫"有关。

而比吐鲁番更西的新疆地区，则有更多古代印欧人留下的地名。光就《梵语杂名》而言，就留下不少记录，利言的故乡库车，曾经的龟兹古国叫 कुचीन（俱支曩/Kucīna）；于阗王国，今天的新疆和田，此时叫कोर्त्तन [矫（引）㗌多（二合）曩/Korttana]，而在于阗人自己的于阗文中，这个南疆最重要的沙漠绿洲之一拼为 Hvatāna；反复出现于中国诗歌中的楼兰国，则在当地的佉卢文中拼写为 Krorayina；楼兰附近的精绝古国则拼写为 Caḍota。

除了西域地名外，《梵语杂名》中还记录了几个中国地名的梵语说法，来源不详，如"蜀地"称作 अम्रदु（阿弭里努/Amṛdu），"吴地"称作 परवद（播啰缚娜/Paravada），至于为什么蜀地和吴地会有这样的梵语名就不得而知了。当然吴蜀两地的梵名颇有点小打小闹的样子，没成气候。相较而言，云南的梵名虽然没有收入《梵语杂名》，却影响深远。这片诞生了南诏国和大理国的土地有意识地给自己起了个梵名"犍陀罗"。

妙香国和郁金地

天竺列国时代，犍陀罗是古天竺十六雄国中最北的两国之一（另一个是剑浮沙），地方大约相当于今天巴基斯坦西北部和阿富汗东部。由于地处南亚西北，历史上受到希腊文化的影响，兼之佛教尤其昌盛，诞生过著名的犍陀罗艺术，对中国美术，尤其是雕塑产生了极大影响。如果把东南亚和云南视作整体，大理在地理位置上恰好位于西北端的高地上，居高临下。南诏、大理笃信佛教，因此就征用了十六雄国之一的犍陀罗以为己用，又因为"犍陀罗"的梵语 गन्धार（Gandhāra）和"香"的梵语 गन्ध（Gandha）看起来近似，所以大理国又自号"妙香大国"。至今缅文中对云南还有雅称 ဂန္ဒလရာဇ်（Gantalaraj），即称云南为"犍陀罗"，而犍陀罗的西北邻邦"剑浮沙"的名字则反倒被柬埔寨征用了。

今天要是有谁用"犍陀罗"来称呼云南的话，恐怕云南人自己都听不明白。但是中国却有一个用西域语言的词来命名的知名城市，并且这座城市并不在新疆，甚至不在西北，而是在广西。

俗话说"桂林山水甲天下"，桂林风光之美在中国家喻户晓。桂林城广植桂花树，每年秋天满城飘香，中餐糕点中当作香料使用的干桂花很多就产自桂林。不过桂林城并非是"桂林"这个名字最初的拥有者，"桂林"名号来源于秦朝设置的"桂林郡"，属于秦朝岭南三郡之一，更早的《山海经》里有"桂林八树，在贲禺东"，未知具体位置。秦桂林郡面积广大，差不多涵盖今天的广西东部和广东西部。当时郡治设置在布山县，在广西东部的贵港到桂平一带，离今天的桂林尚远。

随后由于南越国的出现，汉初广西并不归中央统治。汉武帝灭南越后，在原桂林郡再次设郡，不过这时改为"鬱林郡"。今天广西东部还有一座大城市叫"玉林"，"玉林"是50年代简化字运动时改的名字，本名"鬱林"。如果是按照一般的繁简转化规律，"鬱"的简化字则应该是"郁"。这个地名来源于当地出产的一种叫作"鬱金"的植物，这是上古礼仪中一种重要的香草，周朝专门设置"鬱人"掌管，可以用来香酒。

"鬱金"就是简体字的"郁金"。要问今天的中国人什么是"郁金"，绝大部分人想到的大概是一种春天开的名叫"郁金香"的花，以荷兰出产的最为知名。不过郁金香肯定是不能用来香酒的，郁金香的球茎不但没有香味可言，如果处理不好误食还可能中毒。

还有一种"郁金"可以在中药铺找到。如果去一个中药铺，直接去抓一把"郁金"，你抓到的绝对不会是几片郁金香花瓣或者球茎，而是像生姜一样的块根。这种植物今天俗名"毛姜黄"，是姜黄属的植物，和姜黄、莪术都是近亲，有时中药上也把其他姜黄属植物的块根叫"郁金"。当然，在认识到郁金和姜黄是差不多的东西之后，如果不想去中药铺这么麻烦，可能还有种办法——随便去一家超市，买包黄色的咖喱粉，如果它的成分正常的话，黄色应该来自姜黄。姜黄属植物的根茎和块根味道普遍偏苦，没有香味，因此中药材"郁金"也并非可以香酒的"郁金"。

真正的最早被称为"郁金"的是一种后来被称为"茶矩磨"的花，也就是俗称的"藏红花"。藏红花有奇异而浓烈的香味，只要加入一点就可以起到非常明显的提香功效，并且可以释放亮黄的颜色。伊朗至今都有用藏红花煮米饭的习惯，只要放几根藏红花就能把一锅饭染成金黄色。

藏红花也是张冠李戴的名字，藏文中"藏红花"名叫གུར་གུམ་（gur gum），西藏自己并不能产出藏红花，三国时期的《南州异物志》明确给出了郁金的产地："郁金香，唯罽宾国人种之。"也就是说，这种异草产于克什米尔地区。

藏红花和姜黄一类的植物由于都是黄色香料植物，在诸多语言中多有混淆。梵语中"藏红花"叫कुङ्कुम（kuṅkuma）。کرکم（korkom/kurkum）在波斯语里是藏红花的意思，在阿拉伯语里就是姜黄，和藏语的གུར་གུམ་（gur gum）显然是一个来源的，汉语"鬱金"也是对应的这个词。

藏红花的真正产地是在南亚次大陆北部和伊朗高原，本来并不产于广西。但是早在张骞通西域前，西域和中国西南地区就已经有了贸易往来。当张骞在大夏国（阿富汗北部，乌兹别克斯坦南部一带）时，就曾经看到四川生产的蜀布、邛竹杖，当地人认为是身毒国（印度）所产。

大夏的蜀国物产是绕了一个大弯进口的，由于当时北方交通贸易路线未通，要想从蜀地去大夏，就必须南下，经云贵高原绕道。此时的云贵高原早已有滇国、夜郎国以及昆明夷等部族，货物经过这些云贵高原的中间商中转以后，从滇西的腾冲、德宏一带进入今天的缅甸，再一路西行，通过身毒商人的贩运北上大夏。张骞凿通西域之前，西域和中国其实就已经间接通了。汉武帝得知后再次派遣张骞通身毒，但是为昆明夷人所阻未成。如此遥远的路程，商人为了最大利益不会单向贩运，在把蜀布、邛竹杖贩出中国的同时，郁金也反向地输入了中国。上古的郁金贸易路线可能经过今天的广西，或者在广西进行加工，不明就里的中原人就误以为郁金产自广西了，正如后世的中国人误以为藏红花产自西藏一样。

从语音来看，"郁金"的直接来源很可能是波斯语或者某种接近波斯语的语言，读音大致为 kurkum。普通话零声母的字很多表现都比较特殊。上古"翁"和"公"相通，"影"古文字就写作"景"，"鸭"的声旁是"甲"。汉朝西域小国"扜弥"，佉卢文拼写为 Khema，楼兰都城"扜泥"则拼作 Khvani。

在上古时期，这些现在零声母的字，声母听起来更加明显，可能是比普通话 k、g 稍再后一些的小舌音。"鬱"拟音为 *qud（郑张尚芳体系）/*qut（白一平—沙加尔体系），所以"鬱金"和 kurkum 对应得相当好。以"林"为声旁的字有"禁""噤"等，说明"林"上古可能不是一个单纯的 r 声母，而是在 r 的前面还有 k 或者 g，"鬱金"就是"鬱林"，本是对同一种域外珍奇植物的不同翻译。由于桂林和鬱林是前后相承的名字，可能也是同名异译关系，得名都是来自于可以香酒的珍贵香料"藏红花"。

中国的江河

各类地名中，尤以大河的地名最为稳固。打开中国地图，我们会发现一个有趣的现象：北方的大型河流都称"某河"，如黄河、海河、辽河、淮河、渭河等；而南方大河的通名则是"江"占主导，如长江、珠江、闽江、钱塘江等。

上古时期，中国人的祖先把流淌在华夏大地的河流都命名为"某水"。与"渭""淮""济""洛""伊""洞""汉"等上古就有的水名一样，"江"与"河"并非河流的通名，而是南北两条大河的专名，即现在的长江与黄河。这两条大河与"淮""济"并为上古人心目中最重要的四条大河，合称"四渎"，可见并非随便什么河流都可享有"江""河"的名称。汉语的诸多近亲语言并不用"江"来表示河流，而是仍然使用"水"的同源词。如同属汉藏语系的彝语用/ʑɿ²¹ mo²¹/，/ʑɿ²¹/ 即相当于水，/mo²¹/ 则表示"大"，藏文ཆུ（chu）兼表水和河，也就是青海西藏的河流名称中经常出现"曲"，和上古汉语"某水"异曲同工。

一种语言中的专名往往来自其他语言的通名，这主要是因为借入方并不熟悉外语的构词法所致。美国最大的河流密西西比河英文名为 Mississippi River，在当地印第安人的奥杰布瓦语中，ziibi 其实就是河的意思，但是说英语的人并不清楚，以为 ziibi 是这条河名称的一部分。英国有数条 River Avon，Avon 在不列颠岛古代居民凯尔特人的语言中即为"河流"的意思，River Avon 相当于"河河"。中国人把东南亚两条大河叫湄公河和湄南河，但是实际上"湄南"本身就是泰语 แม่น้ำ（mae nam）的音译，泰文直译是"水母"，就是大河的意思，与"河"的意思重复，"湄公河"的"湄"是这个词的省略说法。中国云南境内有许多"南某河"，如南底河、南垒河、南棒河，广西则有驮娘江，傣语中"南"是 ᥣᥛ/lam^{54}/（以德宏傣语为例，芒市音 n/l 不分），壮语中"驮"是 /ta^{324}/（以靖西壮语为例），都是河流的意思。这些名称进入汉语后都再添上了河，甚至汉语内部也不乏这样的例子。四川东部到重庆一带大量的河流都叫"某溪河"，如重庆的"濑溪河"和四川泸县的"赖溪河"，甚至广州人在口头也经常把"珠江"称作"珠江河"。

"湄公河"是个很有意思的名字，它可能是多次通名转化为专名的结果。去掉汉语添加的"河"，"湄公"在泰语中的专名是 โขง（khong）。湄公河发源于中国的青藏高原，在云南段叫"澜沧江"，与怒江、金沙江三江并流。它旁边的怒江在傣语中的专名是 ᥑᥨᥒᥴ。所谓"德宏"即是 ᥖᥣᥝᥰᥔᥩᥒᥱ/tau^{42} xoŋ^{45}/ 的音译，意思是"怒江下游"。这和湄公河在泰语中的名字 โขง（khong）、老挝语中的名字 ຂອງ（khong）属于同源。三江中的另一条则是金沙江，长江的上游，汉语中"江"的源头。江、โขง、ᥑᥨᥒᥴ 三条并列的大河名字类似，很难说是偶然现象，这个专名很有可能来自某种语言中的通名。

在今天老挝北部的山地地区有几十万克木人，中国西双版纳也有克木人分布，根据西双版纳的传统，位于勐腊县的磨歇盐井一定要由克木人看管经营。中古时代各侗台语大举南扩之前,克木人曾经是当地的主体民族。克木人的语言属于南亚语系,与柬埔寨的高棉语和缅甸的孟语有亲属关系。在老挝北部的克木语中,湄公河的名字是一个高调的 /krɔːŋ/,多出的 r 说明这是比老挝语和泰语湄公河的读音更古老的名字。

在克木人的各种南亚语系亲属民族中,河流和 krong 似乎有莫名的联系。缅人从云贵高原南下前,缅甸的原居民孟人的孟语里,"河流"是 ၛၞင် (krung)。越南中南部高地,即所谓"西原的巴拿族"中"河流"发音为 /krɔːŋ/。越南语自己的"河流"说 sông,在今天的越南语中,sông 和来自汉语的"江"并用,越南古都顺化旁流过的"香江"就有 Hương Giang 和 Sông Hương 两个名字,前者就是用汉越音读"香江",后者则显得更加本土一些,遵循越南语自身中心词在前的语法,相当于"江香"。

今天越南语的 s 相当一部分来自古代带有 r 的声母,越南人早早从中国借用的"莲"在越南语中是 sen(汉越音 liên)。越南语的"星"说 sao,越南语的山地亲戚芒语则读 /khaːw³³/,"河流"在芒语中是 /khoːŋ³³/。在越南语和芒语的共同祖先中,河流的声母应该是 kr,和他们的其他亲属语言一样。

现在这些有"江"的语言都距离长江很远,如果按照现代的民族和语言分布,会得出古代华夏人跑到东南亚借了"江"回来的咄咄怪论,这是极度违反常识的。然而上古

文艺和不文艺的中国地名　259

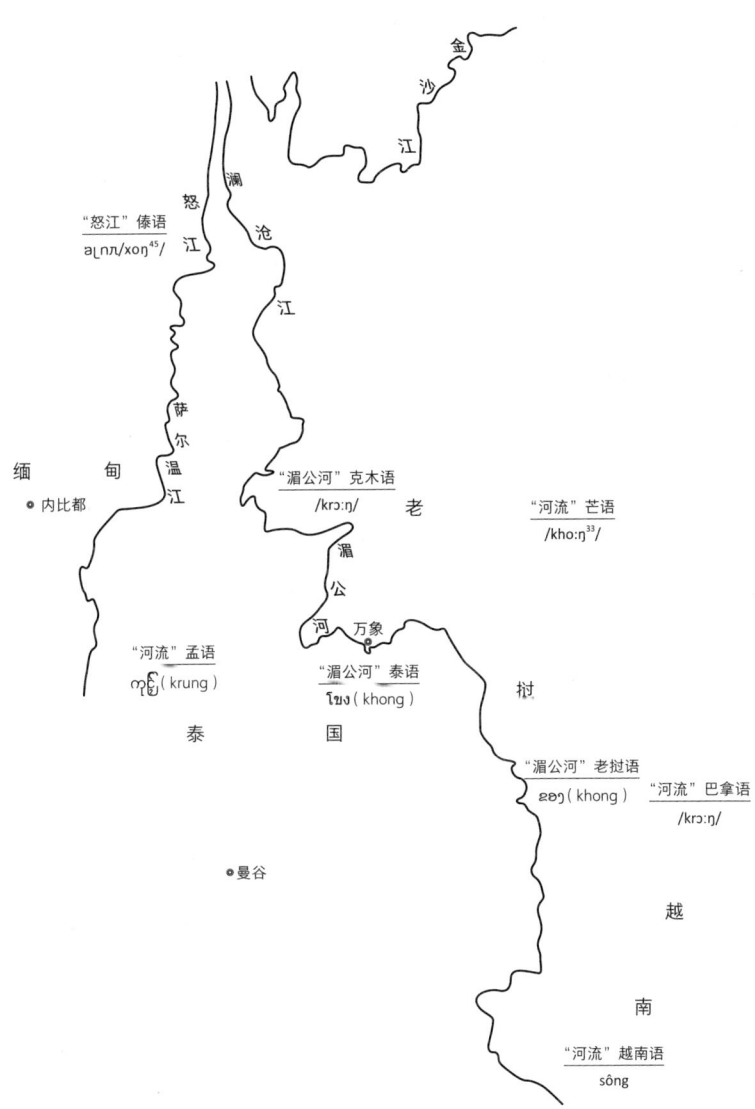

三江示意及其在不同语言中的名字

时期华夏人的祖先大多居住于黄河流域,对长江流域并不了解。大约在商朝早期,不断向南扩张的中原商人才第一次在长江流域及其以南地区站稳了脚跟。甲骨文中甚至没有"江"这个字。

华夏人群所抵达的长江其实是长江中游,其原本居民为百濮的荆蛮、三苗等族群。目前尚不清楚这些人群到底说什么语言,但有一点可以肯定:他们本来并不说汉语。一直到春秋战国时期,长江中游仍然是汉越杂处,楚国鄂君子皙曾在游湖时听越人泛舟唱歌,即著名的《越人歌》,传世歌词为:"今夕何夕兮,搴洲中流。今日何日兮,得与王子同舟。蒙羞被好兮,不訾诟耻。心几烦而不绝兮,得知王子。山有木兮木有枝,心说君兮君不知。"但根据刘向的《说苑》,其真正的原始歌词为:"滥兮抃草滥,予昌枑泽、予昌州州。州𩜱乎、秦胥胥。缦予乎、昭澶秦逾。渗惿随河湖。"

当上古南下的华夏人遇到了这些说不同语言的人群时,只知道这些人把面前的大河称作krong,他们并不知道krong在这些人所说的语言里只表示"河流",所以就认为krong即为面前的南方大河的专名。"江"就由此得名。由于krong本质上是个通名,当华夏人继续南下,他们碰到了更多的krong,一条条的"江"终于迫使汉语在一定程度上接受了"江"作为南方河流的通名。唐朝孔颖达在《尚书·禹贡》"九江孔殷"条的注疏中就提到:"然则'江'以南水无大小,俗人皆呼为江。"而在北方地区,"江"就缺乏南方那样广泛的群众基础,因此"江"始终难以北上。

"江"在南方成为通名的同时,在北方"河"也逐渐开始扩张,开始挑战"水"的地位。上古"河"本是黄河的专名,其性质和"渭""泾""洛""济""淮"类似,只是一个单音字的专有名词。但在现实中,"河"并不老实。

黄河中游两侧有黄土高原和吕梁山脉的挟持,河道稳定,水流急湍。一过三门峡,特别是冲出嵩山山地后,黄河就进入了广阔的平原区,河道弯曲,水流缓慢。在上古时期,黄河中上游植被条件尚好,泥沙含量较少,下游地区尚能保持比较稳定的河道。但日积月累,河道自然沉积会导致地上悬河的结果,河流决口进而改道。公元前602年至1938年的2540年间,黄河下游决口1590次,改道26次,重大改道7次,最北曾"夺海(河)入海",最南则"夺淮入海"。在华北平原和黄淮平原间有大量与黄河下游平行的河道滹沱水、漳水、济水、漯水、汶水、泗水、淮水,黄河下游河道在淮、海之间滚来滚去时,这些河流几乎无一幸免,都曾作为"河水"的河道。这无疑严重影响了黄河下游平原居民的生活和语言。

黄河有文字记载的第一次大决口在周定王五年(公元前602年),此前黄河自大禹治水后一直安稳地流淌在"禹河故道"中,这次决口,河水侵夺漯水、漳水河道,注入渤海。汉武帝元光三年(公元前132年),黄河决口,向南摆动经泗水入淮水。王莽始建国三年(公元11年),黄河决口,再度东侵漯水。唐昭宗景福二年（公元893年），黄河河口段决口，侵无棣水入海。此后至宋初，黄河下游频繁决口，河道分流不断。直到宋仁宗庆历八年（公元1048年），黄河大改道，北侵御河（今南运河）、界河（今海河）入海。十二年后又东出西汉故道侵笃马河入海，是为北、东二流。此后宋神宗熙宁年间又东流夺泗入淮，北流合济入海，可谓"汪洋恣意"。

华北平原地区的民众经常会遇到一条河道既是本来的"某水"又是"河水"的情况，这时用原先的水名去称呼"河水"的某一段自然方便，而且早在战国时人们就曾将河水分段称为"南河""北河""西河"，那么泛滥时"漳河""漯河"也就能够标明这一段水道的归属。"河"的名字正是从河北开始流行的。颜师古注《汉书》时写到："南方无河也，冀州凡水大小皆曰河。"到了黄河泛滥的宋仁宗年间，史学家宋祁也提到："南方之人谓水皆曰江，北方之人谓水皆曰河。"由此"南江北河"的情势奠定下来。

不过，虽然唐朝人说北方为河，南方为江，但是当今河流的通名，"河"多达27000多条，"江"只有800余条，而且其分布远远不像孔颖达所谓"江之南"——现今"江"的名称主要分布于浙江南部、福建、广东等东南沿海地区，比例尤以珠江流域为高。而更多属于"江之南"的地方如太湖平原、两湖地区和西南地区，则"水无以大小皆称江"已经是过去式了。

以"河"作为优势通名的地域，可以发现基本和官话区相重合。这正是由于南方说官话的地方，其人口来源多为较为晚近的移民，发生于"河"在北方已经占据优势以后。西南的四川等地本是"溪"为主的地区，但是迁入的移民并不习惯用"溪"，对于他们来说，"溪"远远不如通用的"河"来得熟悉。因此正如当年作为通名的 krong 被当作专名，在四川很多地方，古老的"溪"被当作河流专名的一部分，形成了"某溪河"的名字。与之不同的是，福建山多地少，虽然在唐朝以前作为人口输入区接收了大批北方移民，但经过唐朝的发展，福建人口迅速增加，超过了土地的承载力，福建已无余力吸收外来移民。相反，宋朝以后，福建尤其是南部的闽南地区不断对外输出移民，占领了东南沿海大片地区。而在其所及之处，河流的通名往往以"溪"为主，与早年的四川相同，如浊水溪、凤溪、梅溪、吴丹溪等。

与福建不同，广东虽早早被纳入中国版图，广州更是早在唐朝就成为重要港口，但整个广东移民开发则是在宋朝才达到高峰。大量南下的北人对广东文化有着更迭式的影响，以至于在很长时间内广东人都被视作"比中原人更中原"。朱熹曾说"四方声音多讹，却是广中人说得声音尚好。盖彼中地尚中正。自洛中脊来，只是太边南去，故有些热。若闽浙则皆边东角矣，闽浙声音尤不正"，精辟总结了当时广东接收了大量中原移民后被视作中原正统分支，与闽浙不同的情况。

因此，虽然珠江流域表面上"江"在河道中占比全国最高，但是其实这只是一个出现于书面语的假象。在口语中，广府地区对河流的称呼以"河"、"冲"（涌）为主，后者多指"小型河流"。"江"用得相当少，甚至对于一些知名大江，口语中也并不称"江"，如广州人把珠江称作"珠江河"，珠江南岸地区为"河南"，东江称为"东江河"。同样属广府地区的中山则把岐江称作"岐江河"。珠江流域的"江"占比高只不过是书面语中留下的早期遗迹。虽然不断南下的北方人将"河"带入了南方口语，许多小型河流就此改"江"为"河"，但南方大河的名字却不是那么好改的，因此不独广东，南方地区如汉江、嘉陵江、岷江、珠江、闽江、潮江之类的大河名称不管当地口语怎么称呼，在正式名称中仍然叫"江"。

然而，所谓"南江北河"的格局仍然存在一个重大的例外——现今东北北部的多条大河都以"江"命名，如松花江、鸭绿江、黑龙江、图们江、嫩江等。这一现象则是和满语有关。

现今东北带"江"的河流名大多在东北北部，东北南部的辽河流域和华北一样，"河"占绝对主导地位。东北北部和南部的一大区别是北部大部分汉语居民是19世纪以来闯关东的华北人的后代，而南部汉语进入得很早，河流普遍有从古传下来的汉语名。

东北北部河流在古代并非完全不为中原人知晓，《魏书》中就记录了两条在乌洛侯国的河流"难水"和"完水"，此外还有"洛瑰水""太鲁水""速末水"。此时东北的河流还不叫"江",东亚北部最早用"江"命名河流的是朝鲜半岛。和中国南方不同,朝鲜半岛的"江"并非是土著语言,而是南北朝时期朝鲜半岛经常和长江边的南朝打交道生出的,是一个通过汉文典籍书面引入的词。"江"开始在朝鲜半岛用来命名大河后,又继续北扩,并通过鸭绿江进入东北。唐时的东北有过由粟末靺鞨建立的渤海国,"粟末"就是"速末水",也就是"松花江",这支靺鞨人发源于今天的松花江流域。此时中原典籍对东北河流的记载开始出现"江",如鸭绿江和涑沫江。辽朝松花江又出现了"混同江"的别名。除了边境上的鸭绿江,松花江是东北腹地第一条叫"江"的河流。

今天的松花江名字是对满语 Sunggari Ula 的音译,《金史》中的"宋瓦江"和今天的读音已经非常接近。《金史》中"混同江"和"宋瓦江"同时出现,指松花江流域的不同支流河段。如果按照古时"粟末"的读音和后来的满语发音来判断,原本的读音可能是 Sugmar。满语河流分大小,"大河"称 ula,"小河"称 bira。松花江和鸭绿江的"江"给古时东北地区的居民极深远的影响,这两条叫"江"的河流是东北"江"的滥觞。金朝女真语里就已出现 bira,在汉语中有时直接音译,如辽宁的"太子河"在《金史》里就叫"兀鲁忽必剌"。Ula 也出现在女真文字中,和汉语"江"对应已是习惯。《金史》中已经有了"黑龙江",这条河在后来的满语中称 Sahaliyan Ula（黑江）。更有甚者，满文版《满洲实录》把汉文中的"鸭绿江"和"混同江"直接按照汉语音译为 Yalu Giyang 与 Hūntung Giyang 而非一般的 Yalu Ula 和 Sunggari Ula。

今天东北北部的河流称"江"还是称"河"几乎可以和满语 ula 和 bira 一一对应，除了鸭绿江、黑龙江、松花江外，嫩江是 Non Ula，图们江是 Tumen Ula，乌苏里江是 Usuri Ula，牡丹江是 Mudun Ula，珠尔多河是 Juru Dogon Bira，嘎呀河是 Gahari Bira。

可以说，大河为"江"，小河为"河"的规律只有在东北地区才成立。来自南方的"江"最终飘到了东北，成为东北大河的称呼，这是古代的中原人、长江流域的古居民、朝鲜半岛居民以及从古至今东北各民族几千年的交流在地名上的体现。

甜蜜茶点

舶来的甜蜜

饮杯 chay/te

"茶"之源

饮茶吃果

还有什么能比吃的东西更容易传播呢？今天中国任何一个有点规模的城市，日本餐馆、韩国餐馆、西餐馆、泰国餐馆是肯定少不了的标准配置。在饮食方面，一向不大爱借词的汉语可是毫无抵抗能力。来自法语的café（咖啡）、满语的sacima（萨其马）、泰语的ต้มยำกุ้ง（tom yam kung/冬阴功）、日语的すし（寿司）、意大利语的latte（拿铁）、维吾尔语的nang（馕）都是不少人趋之若鹜的心头所爱。如果更有点冒险精神的话，缅甸语的ဖလူဒါ（hpaluda/泡鲁达）、印尼语的satay（沙茶）、俄语的хлеб（列巴）、英语的scone（司康）、傣语的ข้าวแพ（/sa^{42} phe^{54}/撒撇）可能也会出现在你的餐桌上。

不同人群烹饪的方法和原料千奇百怪，很多时候很难找到恰当的意译，但是食品又是特别容易传播的词汇，人不可能因为不会说某样食品的名字就坚持不满足自己的口腹之欲。因此，食品词汇就像长了飞毛腿一样，很容易到处传播。

舶来的甜蜜

与今天的中国人一样，古时的华夏先民对外面传进来的新鲜事物也有着浓厚的兴趣。比较有意思的是，古代中国引进的食品往往和甜食有关。

对于一个古人来说，要想制作甜食，甜味来源必不可少。当今中国最主要的糖分来源是甘蔗。然而甘蔗起源于南方，古代中原并不容易获取，而本土由麦芽糖制成的饴甜度又比较低。相较而言，对上古的华夏人来说，最好的甜味来源自然是蜜蜂生产的"蜜"。

20世纪初，随着龟兹语材料的发现与解读，一个令人惊奇的发现是龟兹语中的"蜂蜜"为 mīt，与汉语的"蜜"极其相似。龟兹语属于印欧语系，印欧语中 mīt 的同源词分布非常广。古希腊语 μέθυ（methy）在荷马史诗中表示"某种蜂蜜酒饮"，英语的 mead 就是"蜂蜜酒"的意思，梵语则把"蜂蜜"称为 मधु（madhu）。从西欧西部的日耳曼语到古代新疆的龟兹语，这个词根横跨了整个印欧语系，汉语的"蜜"可能是从印欧语中借用的。

中国本土就有蜜蜂，汉语的"蜂"至少在藏语有个同源词 བུང་བ（bung ba）。从缅甸东枝附近一直延伸到泰国最西北夜丰颂府高地上的勃欧语"黄蜂"说 /phrɨm³¹/，虽然和汉语的"蜂"韵尾不一样，但也可能是同源词。然而动物本身和动物产品的词源可以截然不同，英语里"猪""牛"的单词 swine 和 cow 都是本土词，但是"猪肉"和"牛肉"的单词 pork 和 beef 就是从法语借入的。更为蹊跷的是，"蜜"在整个汉藏语中基本找不到同源词。其他汉藏语往往采用类似"蜂水"的形式来表示"蜂蜜",甚至泰语也用 น้ำผึ้ง（nam phueng）,即"蜂水",其中"蜂"是汉语借词,却没有"蜜"的踪影。"蜜"在文献中最早出现于周朝,早期形旁尚不稳定,有的写法中,这个字下半部分写作"甘"。龟兹语的 mīt 虽然和汉语的"蜜"极似,但是年代太晚,不可能是汉语"蜜"的直接来源,"蜜"可能来自于某种龟兹语的祖先语言,属于张骞通西域前辗转流入中原的词,在进入中原之后继续向东南流动,今天的日语中的"蜜",越南语的 mật,都是来自汉语"蜜"。但是龟兹现在的居民说的维吾尔语里,"蜂蜜"hesel 却是来自阿拉伯语,和本族的 bal 并用,mīt 反倒已经消失很久了。

除了"蜜"之外,印欧语还提供了汉语中几种蔬菜水果的名称。中古波斯语的 *bādag（酒）或其在其他伊朗语的同源词可能是汉语"葡萄"的来源。"苜蓿"在里海南岸的伊朗吉兰地区的语言中叫 būso,中国最西边陲帕米尔高原上的色勒库尔塔吉克人的语言里"草"称为 wux。石榴全称"安石榴",其中的"安石"即指"安息帝国",在安息帝国的帕提亚语中为 Aršak。

饮杯 chay/te

不过汉语对世界饮食的馈赠可能更加重要。

尽管近年来咖啡在中国迅速扩张,但是中国的国民饮料毫无疑问仍然是茶。近年在各大城市的各类咖啡店,之前在年轻人中似已经人气下滑的茶也在加料之后变身为各种果茶、奶茶卷土重来，继续占领着广大市场。

在常见的植物饮料中，咖啡和可可都是近代以来进入中国的，其发展历程和中国并无太多关系，茶则大不一样。除了稻以外，茶可能是中国人对地球农业的最大贡献。与之相应的是，世界上大部分语言中的"茶"都借自汉语。中国周边汉字文化圈的三种主要语言中，日语"茶"读 cha，朝鲜语"茶"（차）读 cha，越南语"茶"汉越音读 trà，北部和中部的口语中则说 chè，这些均为汉语借词自不必说。

在整个汉字文化圈中，茶都有非常重要的地位。茶在中国并不仅仅指用茶树叶浸泡的茶汤，许多其他方法制成的饮料也叫"茶"。甚至在很多方言里，喝水直接就称作"吃茶"。广东的"饮茶"则发展成为琳琅满目的点心盛宴，日本则形成了复杂的"茶道"。哪怕是在气候寒冷较难种茶的朝鲜半岛，也有"大麦茶"之类的替代品。

"茶"的扩散并不仅仅限于汉字文化圈。东南亚地区除了越南语之外，泰语的 ชา（cha）和老挝语的 ຊາ（sa）毫无疑问是借自汉语。而在北方，饮食中油腻肉食较多的民族对于茶则有更加迫切的需求。

新疆、内蒙古、青海和西藏传统上都有把茶叶和乳制品混合的饮料。和今天都市中流行的奶茶不同，这类在牧民中尤受欢迎的奶茶一般不加糖，反倒会加盐，不是本地人的话很难适应。相对来说，拉萨的甜茶则令外地人很容易适应。

在藏语中，"茶"说ཇ（ja），也是借用的汉语"茶"，而甜茶则是20世纪以来，由喜欢在茶里加糖的英国人传入殖民地印度，又经由喜马拉雅山脉传入拉萨这座西藏最大都会的城市习俗，与现今各大城市里的人热衷追捧的甜甜的"奶茶"异曲同工。

而在新疆和内蒙古，"茶"的读音则发生了一定变化。蒙古语的"茶"读 čai，维吾尔语的"茶"读 chay，与波斯语的"茶"چای读 čây 基本一致。

早在11世纪，波斯文献中就出现了"茶"，不过茶在伊朗的大流行要迟至19世纪。在短短几十年间，茶从一种少有人听闻的饮品迅速成为全伊朗城乡无论贫富的全民饮品。和中国的茶饮不同的是，伊朗茶基本都是发酵过的红茶，饮用时多在舌头下含一块方糖，甜度惊人，哪怕是习惯喝"奶茶"的年轻人也往往无法享受。

伊朗高原位于欧亚大陆中心地带，是重要的商贸中转地。伊朗"沦陷"于茶叶后，邻国的土耳其人也在短时间内从一群饮咖啡为主的人倒向茶的拥趸。这些更加靠西的语言中的"茶"多是通过波斯语转手借入。阿拉伯语的شاي（šāy），土耳其语的 çay，俄语的чай（čaj）皆来自波斯语，这条"chay之路"一路可以延伸到罗马尼亚语的 ceai 和斯洛伐克语的 čaj。不过它们也差不多是 chay 西传之路的终点，再向西的德语 Tee 和意大利语 tè 就和 chay 区别明显。

除了葡萄牙语的 chá 以外，西欧语言中的"茶"多以 t

开头，读音极为类似。德语和意大利语之外，法语的 thé，西班牙语的 té，荷兰语的 thee 莫不如是，无论辅音还是元音都极为类似。

当然，大多数中国人最熟悉的外语还是英语，相比其他欧陆语言，英语的"茶"——tea 的元音稍有区别。英语历史上发生过元音大迁移，本来的 /e:/ 变成了 /i:/，因此 tea 才变成了现在的读音。实际上在茶刚刚抵达的英国时，tea 的读音还是 /te:/，和欧陆语言一致。

西欧语言中的"茶"来自南洋的贸易通用语——马来语。马来语中"茶"是 teh，南洋天气常年炎热濡湿，习惯在吃饭时饮茶。在马来西亚或者印度尼西亚，用餐时配上一杯 teh panas（热茶）几乎是标准配置。大体而言，"茶"的外传有两条路径，一是海路，二是陆路。这些 t 开头的"茶"都是通过海上贸易路线抵达欧洲。历史上，印尼群岛曾经长期是荷兰的殖民地。荷兰人从当地说马来语的商人手中买到了茶，并且使用马来语对茶的称呼 teh 来命名这种新鲜物事。而后荷兰人把茶贩运回了西欧，让西欧人尝到了来自东亚的茶饮。

马来语的 teh 来自闽南话的 tê，在厦门话中，"茶"的读音是 /te²⁴/。现代普通话中相当一部分翘舌音在古代并不读翘舌音，而是由其他声母分化。我们可以在汉字声旁上发现蛛丝马迹，如和"茶"同声旁的"荼"在普通话里声母就是 t。

这种声母上的分化发生在南北朝到隋唐的中古时代，一些汉语方言并没有受到这个音变的波及，如福建的闽语和其他方言较为隔离，"茶"并未发展成翘舌音。闽南地区人多地少，明朝以来大量闽南人向海外移民和从事海洋贸易。闽南人热衷的茶也随着闽南人的外迁通过大海传播，除了重要的中间商马来语外，柬埔寨高棉语里"茶"亦是 តែ（tê），也是下南洋的闽南人和潮汕人带去的。

"茶"之源

然而在中国西南和东南亚北部一带，"茶"的读音却和 cha 以及 te 缺乏关系。这片区域大致起自北边的四川凉山，凉山彝语里的"茶"读为 /la^{55}/。四川、贵州、云南数百万人使用的彝语和近亲哈尼语、拉祜语、傈僳语里的"茶"都近 la。而在西双版纳傣语中，"茶"为 /la^{11}/。滇缅边境的佤语中，"茶"为 la。缅文的"茶"是 လက်ဖက်（lak.hpak）。梁河县的阿昌语中"茶"则是 /la^{31} pha^{31}/，同样以 la 为核心语素。

如果圈出这些没有借用汉语"茶"的语言，会发现这些语言互相之间并没有很近的亲缘关系：缅甸语、阿昌语、彝语、拉祜语等属于汉藏语系，佤语属于南亚语系，而西双版纳傣语则属于壮侗语系，他们的近亲也未必用这个词。如前所述，同属汉藏语系的藏语，南亚语系的越南语和壮侗语系的泰语、老挝语都明显是借用了汉语的"茶"。

不容忽视的是，这片区域恰好是茶的发祥地。野生的茶树生长在中国南方，但是早期的华夏文明的中心在中原地区。上古时代中原的华夏先民很难获取茶叶,也很少饮茶。事实上,直到中古时期,茶才成为北方常见的饮品,如唐朝人封演的《封氏闻见记》就说茶叶是"南人好饮之,北人初不多饮",到唐玄宗年间茶叶才在北方流行。

野生茶树喜欢温和湿润的气候,现今野生茶树多样性最高的地区是中国西南地区,尤其以四川、贵州、云南最为丰富。野生茶树大量生长在中国西南的山地地区,并延伸到中南地区。把"茶"称作 la 的地方往往都是重要的产茶区。现今中国有两个以"茶"为名的县,一个是湖南的茶陵县,另一个则正位于称"茶"为 la 的区域。

当今普洱茶风行全国,但是实际上绝大部分普洱茶产自西双版纳。在以普洱茶闻名的十二座茶山中,十一座位于西双版纳,唯一一座在西双版纳境外的茶山,是其附近普洱市澜沧县的景迈山。之所以称"普洱茶",一是由于清朝时西双版纳属普洱府,二是由于茶叶从西双版纳外运时在普洱集散。十二座茶山中,"江内(澜沧江以东)六山"产茶历史更为悠久。位于澜沧江东的勐腊县的"腊"即西双版纳傣语"茶"的意思,坐拥"江内六座茶山"其中五座的勐腊县也确实是古代普洱茶最重要的产区。

由于茶起源于南方,上古时期华夏文明的核心区域则在北方的中原地区。"茶"这个字在上古早期并未出现。当南扩的华夏人接触并爱上这种南方树种时,必须为它找到一个合适的名字。

当今几乎所有的汉语方言都用"茶"来指代这一植物。不过向南扩张的华夏人在刚刚接触到不熟悉的茶树时,就跟现在各地马铃薯有诸如"土豆""洋山芋""洋芋""薯仔""山药蛋"等几十种名字一样,对茶的称呼也并不一致,其中就有"槚""蔎""皋卢""拘罗"。今天广西德保靖西一带的壮语中"茶"为 /kja^{31}/,德保靖西壮语的 /j/ 大多来自古代的 *r 和 *l,这个壮语中的"茶",可能和"槚""蔎""皋卢""拘罗"有关。

和"茶"有更为重要关联的词汇则是"荼"。"荼"和"茶"关系极其紧密,甚至可以说"荼"就是"茶"的先祖,湖南茶陵在汉朝时最早即写作"荼陵"。"荼"在上古汉语中表示的是"苦菜",所以有"荼毒"之说,并不指"茶树"。晋人郭璞则提到当时蜀地,把"槚"称作"苦荼"。"荼"以"余"为声旁,上古时期读音为 *l'a:(郑张尚芳体系)或 *lˤa(白一平—沙加尔体系),和茶叶原产地语言的 la 极为接近。这种原产于南方丘陵地区的灌木在当地的本名就是 la 或是某种带 la 的形式,如 kola、gla 之类。这个名字在中古以前进入汉语。最初写法并不统一,唐朝以后随着茶饮风行全国,最终新起的"茶"替代了其他形式,并随着中国茶叶的出口,从汉语走向全世界。

饮茶吃果

传统上,中国人饮茶的同时往往也会吃点点心,这个习惯可不仅仅限于中国人。如果你今天去印尼旅游，一定会注意到街面上五颜六色的糕点——热带地区盛产的各种彩色植物，让它们有着远比多数中国糕点丰富的色彩。被这些糕点所吸引的你向商贩询问之后，就会得知这些糕点一般叫"kue 某"——印尼人在喝茶或喝咖啡时，吃一两块 kue 几乎是标配。

和汉语不一样，印尼语中修饰词放在中心词后面，所以 kue 是这类糕点的总称，单种糕点的名字则是 kue 后加上"种类"，如以婆罗浮屠遗址出名的日惹，本地特产的一种豆沙馅的 kue 叫作 kue bakpia，kue lapis 则是一种色彩艳丽、层层叠加的千层糕。

表面上看，kue 无非是印尼语中对"糕点"的称呼。实际上，这个 kue 却是地地道道的中国产物。福建漳州或者广东潮州、汕头一带有各式各样叫"某粿"的小点心，如红龟粿、油葱粿、红桃粿，kue 正是来自"粿"在这些方言里的发音，印尼的 kue 就是中国的"粿"。现今南洋的各类小点心，制作手艺来自被称作"峇峇娘惹"的早期下南洋的华侨。印尼华侨主要来自今天闽南、潮汕、海南等说闽方言的地区，尤其是在雅加达一带，早期下南洋的华侨以闽南人为主。

荷兰人殖民印尼时在雅加达筑城后将其命名为 Batavia，即"巴达维亚"，这个词作为雅加达城的原名逐渐传入印尼语。建城之后巴达维亚发展迅速，很快成为爪哇岛上最大的城市和荷属东印度的中心，来自印尼群岛各地甚至群岛以外的移民蜂拥而至。

这些外来移民被称为 Betawi（巴达维人），可以算得上是爪哇岛上的异数。爪哇岛传统上有两大民族，占据爪哇岛西部三分之一左右的巽他人和占据东部三分之二以及西部北海岸的爪哇人。但是巴达维人既非巽他人也非爪哇人，他们讲一种掺杂了大量福建方言成分的马来语。究其原因，在荷兰人建立巴达维城以后，到此经商的华人众多，他们以男性为主，其中很多人与当地女性通婚。这些人的后裔有的皈依伊斯兰教，融入当地，和巴达维地区居住的其他民族共同形成了巴达维群体；有些则维持着一定的中华认同，保留了很多华人的风俗习惯。

和十九、二十世纪新下南洋的华人比起来，这批早期华侨在文化、语言上受南洋当地影响要深得多。其中的男性在当地被称为"峇峇"（baba），女性被称为"娘惹"（nyonya），而厨房传统上是女人的天地，所以她们烹制的菜肴被称作"娘惹菜"。娘惹菜的特点是用从中国原乡带来的更精细复杂的食品加工工艺，来处理南洋丰富的当地物产，糕点正是娘惹菜的重要组成部分。虽然许多峇峇、娘惹日常使用马来语或印尼语（马来语和印尼语实际可认作一种语言），但是在他们的语言中仍然保留了大量从中国原乡带来的汉语词汇。南洋的峇峇、娘惹们的祖籍一般是闽南、潮汕一带，当他们制作了糕点之后，就以原乡的"粿"——亦即kue来命名。而且,日惹名产kue bakpia里的汉语成分还不止kue,bakpia来自闽南语"肉饼"的读音,闽南肉饼的制作过程中也确实会加入一些糖、冬瓜条、芝麻、花生等辅料,在日惹当地则已彻底演变为甜食。

用"粿"来表示食品名称并不罕见。天津的名小吃"煎饼果子"里的"果子"就是指油条,陕西一些地方把油炸的麻花称作"炸果",江浙有一种油炸的甜食叫"油果果"。日本则有著名的"和菓子",品类少说也有数百种,用来配合茶饮食用。虽然这个字有时候被写成"餜",有时被写作"粿",有时写作"菓",实则都来自于"果"。至迟在唐宋时期,中国人已经开始把点心称作"果子"。这时的"果子"已经不限于水果制品,还包括了糖丝线、密麻酥、炒团等显然属于甜食范畴的点心。

由于印尼华侨归国的缘故,今天如果想要品尝印尼式的kue,也并不一定需要亲赴印尼。在归侨人口聚居的地方,如海南兴隆等地,仍然能见到不少品种的南洋kue。至于"果"到底用什么材料制作并无定数,中国中部和北部的"果"经常是小麦面粉制品,而在地处热带的印尼,整体来说kue是由稻米制作的,用小麦面粉做的往往是西方传来的西式糕点。

中国对外输出的远远不止是"果子",把馅料放进面皮里包好做成的系列食品大概是中国人对世界饮食的最大贡献之一。

请思考一个问题,对面团包着馅儿,在蒸笼上蒸熟的食品怎么称呼?大部分中国人大概会把这种东西叫作"包"或"包子",但是在苏南浙北上海一带,这种食品叫作"馒头",后者在北方许多地方是没有馅的实心食品,在山西、陕西一带则又叫"馍馍"。

无论是包子、馒头还是馍馍,都已经输出许久。蒙古语中有种叫 buuz 的食品,是一种死面包子,与江浙一带的小笼馒头相当类似。蒙古语另有一种油炸肉包叫 quušuur,自然是汉语"火烧儿",而蒙古语里的 mantau 则遵循了华北地区的用法,指的是"实心的蒸馒头"。

馍馍则早早进入了藏语里,藏文中"馍馍"叫ཨོག་ཨོག་(mog mog),却是带馅的,外形近似饺子或者小笼馒头,以至于有时候在汉语中反倒回翻成"藏包"。通过在西藏经商的南亚人和去南亚的藏族人的传播,这种食品在南亚次大陆北部的尼泊尔、印度阿萨姆邦和西孟加拉邦都广为流行,在孟加拉语中叫 মোমো(momo)。

传得最远的当属馒头。土耳其有一种有些像中国小馄饨的食品,只是面皮比较厚,煮好以后浇上酸奶、辣椒粉以及其他香料拌着吃。在土耳其语里,这种食品叫 mantı。类似的食品在高加索山区的亚美尼亚人那儿称为 մանթի(mantʻ)。而在中亚的语言里面,这是一种更加类似小笼馒头的食品,在哈萨克语中称为 mänti,维吾尔语里叫 manta。新疆薄皮包子在维吾尔语里称 pëtir manta,直译"死面馒头"。作为

文明交汇地，中亚面食种类多种多样，来源也各不相同，烤包子（samsa）来自波斯语 سنبوسه（sanbūse）；被称作"蛐蛐儿"（chöchüre）的小馄饨则是和波斯语 جوشپره（jūshpare）有关。而在亚欧大陆东端的朝鲜半岛，만두（mandu）指的东西差不多像是中国的饺子。

填馅儿的中国面食还有烧卖。这个词在各地写法不同，有烧卖、烧麦、捎卖、烧梅等多种，内涵也大不相同。内蒙古和山西是捏成一朵花一般的薄皮包子，在卖的时候按照面皮重量卖，经常让不明就里的外地人不慎点了根本吃不完的分量。在江浙则常有面皮包糯米的品种，顶上的口是开着的。广东烧卖个头一般比较小巧，馅料则各种各样，多以虾肉入馅。而在东南亚、越南的 xíu mại 没有外皮，更像个肉丸。印尼的 siomay 则往往浇上浓厚的酱汁食用。

今天北方人喜欢吃饺子，饺子来自于"角子"，是华北方言入声"角"的 -k 尾巴消失以后的产物。后来被日语借用读 gyōza，泰语里则读 เกี๊ยว（kiao），是因为来自潮州移民。但是明清时期，饺子的另一个名字——"扁食"更加流行。今天福建仍然说扁食，而北方很多地方往往是老人说"扁食"，年轻人则已经被"饺子"带跑了，反倒是中原以外的地方还保存了"扁食"的说法。新疆维吾尔语里还用 benshi 或 benshir 称呼饺子，南洋菲律宾的 pinsek、印尼的 pangsit，都是福建移民带去的扁食。蒙古语中的 bangsi，则是近代借用的北方话了。

附录

本书标音说明

本书标音体系大致原则如下:

对于使用非拉丁字母文字的语言,在条件许可的情况下本书给出该语言较为通行的拉丁字母转写方式。需要注意的是,由于字母体系不同和转写方案存在的问题,泰文、老挝文等文字的拉丁转写并非无损,会发生声调省略等情况。

对于部分文字拼写和现代语音差别较大的语言,如藏语、蒙古语、缅甸语,无特别指明情况下本书的转写为根据文字拼写的转写。

书中涉及汉语方言一般采用国际音标,部分方言有较为通行的拼音方案的,如普通话、粤语、闽南话,也会采用拼音方案。

针对本书中标音,我们期待未来能用有声书的方式为读者呈现实际读音。

推荐书目

如果觉得本书并不能满足您对中国话的兴趣，我们推荐以下书目：

潘悟云：《汉语历史音韵学》

郑张尚芳：《上古音系》

向柏霖（Jacques Guilliaume）：《嘉绒语研究》《西夏语历史音系学和形态学草稿》(*Esquisse de phonologie de morphologie historique du tangoute*)

内藤丘（Nathan W. Hill）：《藏语、缅甸语和汉语历史音系学》(*The Historical Phonology of Tibetan, Burmese, and Chinese*)

张高峰（Pittayawat Pittayaporn）：《原始台语音系》(*The Phonology of Proto-Tai*)

白一平（William Baxter）、沙加尔（Laurent Sagart）：《上古汉语音系手册》(*A Handbook of Old Chinese Phonology*)